■ 广东省2024年度教育科学规划课题（高等教育专项）"新质生产力视角下高职院校
  优化智慧物流人才培养模式与路径研究"（项目编号:2024GXJK914）成果

产教融合视角下
高职院校智慧物流
人才培养研究

贾广敏 / 著

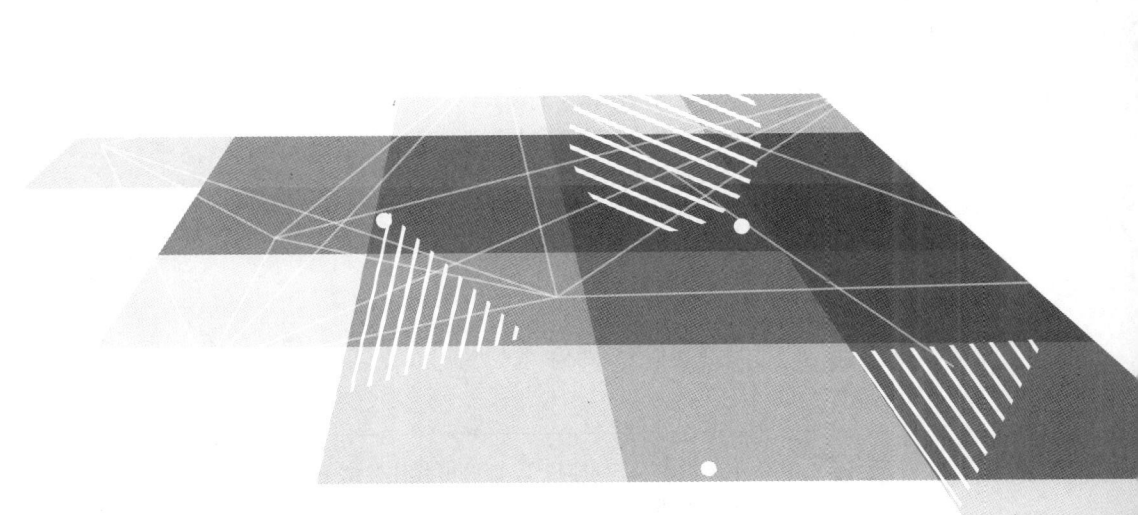

华中科技大学出版社
http://press.hust.edu.cn
中国 · 武汉

图书在版编目（CIP）数据

产教融合视角下高职院校智慧物流人才培养研究 / 贾广敏著. -- 武汉：华中科技大学出版社，2025.6. -- ISBN 978-7-5772-1854-0

Ⅰ.F252-39

中国国家版本馆 CIP 数据核字第 20254QW109 号

产教融合视角下高职院校智慧物流人才培养研究　　　　　　　贾广敏　著
Chan-Jiao Ronghe Shijiao Xia Gaozhi Yuanxiao Zhihui Wuliu Rencai Peiyang Yanjiu

策划编辑：宋　焱
责任编辑：张梦舒
封面设计：廖亚萍
责任监印：曾　婷

出版发行：华中科技大学出版社（中国·武汉）　　　电话：（027）81321913
　　　　　武汉市东湖新技术开发区华工科技园　　　邮编：430223

录　　排：华中科技大学出版社美编室
印　　刷：武汉市洪林印务有限公司
开　　本：710mm×1000mm　1/16
印　　张：12.5
字　　数：197 千字
版　　次：2025 年 6 月第 1 版第 1 次印刷
定　　价：88.00 元

内容提要

　　本书以产教融合的视角，以培养适应国家战略发展需要的智慧物流人才为目标，在利用 CiteSpace 知识图谱可视化分析文献综述的基础上，从人才培养模式、课程体系构建、教师队伍建设、课程思政建设、工匠精神培育及融入人才培养、新质生产力与职业教育耦合双向赋能六个方面展开研究与实践，具体涵盖了现代学徒制、产教融合、校企合作等典型育人模式；"岗课赛证"课程体系、现代学徒制实践教学体系和产教融合立体化实践教学体系；"双师型"教师职教能力提升培养、"岗课赛证"教师教学创新团队和课程思政团队建设；专业课程思政体系、模式和实践路径；工匠精神培育及融入人才培养方式；新质生产力与职业教育耦合双向赋能研究等。

前言

2022 年，国务院办公厅印发了《"十四五"现代物流发展规划》，指出"现代信息技术、新型智慧装备广泛应用，现代产业体系质量、效率、动力变革深入推进，既为物流创新发展注入新活力，也要求加快现代物流数字化、网络化、智慧化赋能，打造科技含量高、创新能力强的智慧物流新模式""加快物流现代职业教育体系建设，支持职业院校（含技工院校）开设物流相关专业。加强校企合作，创新产教融合人才培养模式"。随着新质生产力的提出和发展，现代物流业对智慧物流人才提出了更高的要求，需要能够通过技术手段优化物流资源配置、提升运营效率、降低物流成本，并为客户提供更加精准、便捷的服务。

2025 年，中共中央、国务院印发的《教育强国建设规划纲要（2024—2035 年）》中指出，全面构建固本铸魂的产教融合的职业教育体系。职业教育作为国民教育体系和人力资源开发的重要组成部分，肩负着培养多样化人才、传承技术技能、促进就业创业的重要职责。产教融合是职业教育高质量发展的核心路径，是遵循教育发展、科技创新、人才培养一体化发展的有效保障，因此，本书以产教融合的视角研究智慧物流人才培养是适应国家战略发展要求的，旨在增强现代物流业服务产业体系能力，满足学生对掌握数字新技能的需求，助力新质生产力发展，顺应产教高质量发展。

本书以产教融合和智慧物流人才培养为主题，聚焦深化产教融合培养智慧物流人才关键问题，以我校（广州工程技术职业学院）现代物流管理专业为研究对象，旨在为智慧物流人才培养的研究与实践提供新的思路和方法。全书共分为七章，从政策演进、文献综述、培养模式、课程体系、教师队伍、课程思政、工匠精神、新质生产力等方面展开了深入探讨。书中不仅系统梳理了国内外职业教育发展模式，还结合我国现代物流业发展实际情况，提出了具有针对性和可操作性的产教融合视角下智慧物流人才培养的有效实践路径。第一章，绪论，主要介绍了产教融合政策演进，并对智慧物流人才培养相关文献进行了综述；第二章，产教融合视角下高职院校智慧物流人才培养模式研究，主要介绍了工学结合、现代学徒制、"岗课赛证"融通、产教融合四种典型人才培养模式；第三章，产教融合视角下高职院校物流专业课程体系构建研究，主要介绍了专业课程体系和立体化实践教学体系的构建策略与实施；第四章，产教融合视角下高职院校教师队伍建设研究，主要介绍了高职院校教师队伍建设的意义、原则和路径等；第五章，产教融合视角下高职院校物流专业课程思政建设研究，主要介绍了课程思政建设育人模式、课程体系和教学模式等；第六章，产教融合视角下工匠精神培育及融入人才培养研究，主要介绍了工匠精神的内涵、培育策略和如何有效融入人才培养过程；第七章，产教融合视角下新质生产力与职业教育耦合双向赋能研究，主要介绍了新质生产力与职业教育的相互耦合、相互促进、相互赋能的发展逻辑与路径。

在撰写过程中，笔者深感深化产教融合的复杂性与艰巨性，其推进过程涉及政府、学校、企业、行业组织等多方主体的协同合作，需要政策支持、机制创新和文化认同的多重保障。由于职业教育领域的研究日新月异，本人水平有限，虽对书中的内容进行了多次核对，但错误之处仍在所难免，恳请读者批评指正。

目录

○●○●

第一章　绪论

一、研究背景

产教融合是我国职业教育发展进程中最具特色的实践样态，历经早期探索的"校中厂""厂中校"的实习实训模式，到浅层次的"校企合作"，到中等层次的"产教融合型企业"，再到深化阶段的"产教融合共同体"四个不同时期的不同产教表征，是经济、社会、科技、文化不断发展的结果，充分体现了从学校主导到产业主导的产教融合特点，以产定教、教随产变、以教促产、以产助教是当前职业教育人才培养的关键举措。当前，在数字经济、数字产业蓬勃发展的背景下，如何通过深化产教融合培养适应行业、适合岗位的高技能人才是高等职业院校改革与实践的方向。

（一）产教融合政策驱动

2014 年，《关于加快发展现代职业教育的决定》中指出，深化产教融合、校企合作，培养数以亿计的高素质劳动者和技术技能人才。2016 年，

《关于深化人才发展体制机制改革的意见》中指出，建立产教融合、校企合作的技术技能人才培养模式。2017 年，国务院办公厅印发的《关于深化产教融合的若干意见》是我国深化产教融合的首个专项文件。

2019 年，国务院印发的《国家职业教育改革实施方案》中指出，促进产教融合校企双元育人。2021 年，中共中央办公厅、国务院办公厅印发的《关于推动现代职业教育高质量发展的意见》中指出，坚持产教融合、校企合作，推动形成产教良性互动、校企优势互补的发展格局。2022 年，新修订的《中华人民共和国职业教育法》从法律层面明确深化产教融合、校企合作；教育部办公厅等五部门发布的《关于实施职业教育现场工程师专项培养计划的通知》中指出，深化产教融合、校企合作，全面实践中国特色学徒制，校企联合实施学徒培养和在职员工培训；中共中央办公厅、国务院办公厅印发的《关于深化现代职业教育体系建设改革的意见》中指出，以深化产教融合为重点。2024 年，习近平总书记在全国教育大会上指出，构建职普融通、产教融合的职业教育体系，大力培养大国工匠、能工巧匠、高技能人才。2025 年，中共中央、国务院印发的《教育强国建设规划纲要（2024－2035 年）》中指出，全面构建固本铸魂的产教融合的职业教育体系。

以上政策文件表明，从建立产教融合，到促进产教融合，再到深化产教融合，产教融合不断从浅层到深层的融合，是产教同频共振、共生共长的发展结果，产教融合是职业教育高质量发展的主要途径，是全面提升人才自主培养质量的关键举措，因此，在产教融合视角下研究高职院校智慧物流人才培养是适应新时代职业教育发展需要，能够贯彻落实教育强国建设规划纲要中关于构建产教融合的职业教育体系的，为行业转型升级、助力强国建设、实现中国式现代化提供人力和智力支撑。

（二）智慧物流人才产业需求

现代物流业作为支撑国民经济发展的基础性、战略性、先导性产业，近年来在技术驱动、政策引导和市场需求的多重推动下，呈现出高速增长、结构优化、技术融合的显著特征。2024 年，我国社会物流总额为 360.6 万亿元，物流业总收入达到 13.8 万亿元，同比增长 4.9%，增速比上年提高 1 个百分点，社会物流总费用占 GDP 的比例为 14.1%，比上年回落 0.3 个百分点，显示出物流成本有所降低。中国物流与采购联合会发布的报告显示，2023 年物流行业技能型人才缺口约 60 万人，高职院校是填补缺口的主力。2023 年智慧物流领域人才缺口约 40 万人，预计到 2025 年缺口将超过 60 万人。智慧物流人才需求量逐年呈上升趋势，为了进一步契合现代物流业新质生产力的发展，高职院校要进行供给侧结构性改革，主动改革人才培养模式，从育人要素硬软件着手，以培养智慧物流高技能人才为己任，增强人才供给支撑力和贡献力。

二、研究意义

1. 服务国家数字经济战略，适应产业转型升级人才需求

随着新一轮科技革命和产业变革深入发展，数字经济已经成为新时代的主要经济形态，产业数字化已经成为引领产业发展的新趋势。《中华人民共和国国民经济和社会发展第十四个五年规划和 2035 年远景目标纲要》提出，要打造数字经济新优势。中国信息通信研究院发布的《中国数字经济发展研究报告（2024 年）》中指出，2023 年我国数字经济规模达到 53.9 万亿元，占 GDP 比例提升至 42.8%，数字经济增长对 GDP 增长的贡献率达 66.45%，数字经济已成为拉动我国 GDP 增长的重要驱动。《中国数字经济人才发展报告（2024）》显示，中国数字化人才缺口已达 2500 万人，伴随全行业数字化的快速推进，数字人才需求缺口还会持续加大。2022 年，《中华人民共和国职业分类大典（2022 年版）》首次标注数字职业 97 个。因此，职业教育要以国家数字经济发展为契机，在建设国家战略人才结构布局指引下适应产业转型升级人才需求。

2. 深化现代职业教育体系建设改革，服务人的全面发展

职业教育作为与经济社会发展联系最为密切的教育类型，肩负着培养能够把先进技术和设备转化为生产力的高素质高技能人才的重任。着眼于

人的全面发展，职业教育已由"谋业"转向了"人本"的功能定位，服务人的全面发展是新时代深化职业教育改革的新目标。面对市场经济结构和产业结构的不断调整优化，高职院校要加快高技能人才供给侧结构性改革，推动教育链、人才链融入产业链、创新链，为高质量发展提供有力人才支撑和智力支持。深化现代职业教育体系为人的全面发展拓宽了成长成才的通道，让不同禀赋和需要的学生能够多次选择、多样化成才。

3. 推动职业教育高质量发展，助力实现中国式现代化

产教融合是职业教育优化类型特色、激发办学活力、实现高质量发展的有效路径。中国式现代化是全体人民共同富裕的现代化。扎实推进共同富裕，就必须促进更高质量更加充分就业，增加低收入群体收入，扩大中等收入群体。职业教育必须坚持面向市场、服务发展、促进就业的办学方向，加快完善技能人才培养体系，全面增强劳动者的就业创业能力、职业素养和就业稳定性，实现从"能就业"到"就好业"的转变，推动更多重点人群迈入中等收入群体行列。

三、研究内容

本书共分为七章，在产教融合视角下研究高职院校智慧物流人才培养，分别从人才培养模式、课程体系构建、教师队伍建设、课程思政建设、工匠精神培育及融入人才培养、新质生产力与职业教育耦合双向赋能等六个方面展开充分研究，并以我校现代物流管理专业为研究对象形成实践经验。具体研究内容如下。

第一章，绪论，主要介绍了产教融合政策演进和智慧物流人才培养文献综述，一是产教融合在职业教育领域的政策发展，对高职院校如何开展产教融合提供了政策指引和行动指南；二是当前智慧物流人才培养文献研究，主要以中国知网学术期刊作为研究样本，利用 CiteSpace 可视化分析，借助知识图谱从作者合作、机构、关键词等方面分析研究热点，并提出研究趋势。

第二章，产教融合视角下高职院校智慧物流人才培养模式研究，主要介绍了当前高职院校四种典型人才培养模式，一是校企合作、工学结合的人才培养模式，二是现代学徒制人才培养模式，三是"岗课赛证"融通人才培养模式，四是产教融合人才培养模式，这些典型人才培养模式是深化产教融合，经过实践验证，在高职院校广泛推广灵活应用形成的，为全面提高人才培养质量提供可靠支撑。

第三章，产教融合视角下高职院校物流专业课程体系构建研究，主要介绍了对接现代物流产业人才需求构建的体现行业数字化、网络化、智慧化的课程体系。一是"岗课赛证"融通的课程体系，二是基于现代学徒制的校企协同的创新实践教学体系，三是产教融合协同创新的立体化实践教学体系，课程体系是开展有效教学的依据，要紧跟社会经济和产业发展动态调整。

第四章，产教融合视角下高职院校教师队伍建设研究，主要介绍了高职院校教师队伍建设的背景、原则和策略。一是双职业能力阐释和培养提升策略，二是"岗课赛证"教师教学团队的建设，三是专业课程思政示范团队的建设，强国必先强教，强教必先强师，教师是保障为党育人、为国育才的引擎，要发挥引领者、践行者、推动者的作用，不断打造高素质工匠型教师队伍。

第五章，产教融合视角下高职院校物流专业课程思政建设研究，主要介绍了课程思政建设育人模式、课程体系和教学模式。一是思政引领、新质赋能、产教融合的高技能人才培养路径，二是现代物流管理专业课程思政建设的原则、路径和存在的问题，三是以专业课程"物流职业基础与技能实务"为例，构建课程思政教学体系及教学实施过程。要始终以立德树人为根本任务，思政引领教育教学改革与实践。

第六章，产教融合视角下工匠精神培育及融入人才培养研究，主要介绍了工匠精神内涵、培育策略和如何有效融入人才培养过程。一是现代学徒制培育工匠精神的内涵、原则和路径，二是构建工匠精神培育系统的原则和路径，三是工匠精神融入现代物流管理专业人才培养的路径，四是校企协同培育工匠精神的具体做法。工匠精神是高职院校人才培养的核心，是进一步培养更多能工巧匠和大国工匠的精神引领。

第七章，产教融合视角下新质生产力与职业教育耦合双向赋能研究，主要介绍了新质生产力与职业教育的相互耦合、相互促进、相互赋能的发展逻辑和路径。一是新质生产力赋能高技能人才培养的逻辑原则、模式优化和实践路径，二是职业教育赋能新质生产力的价值意蕴、逻辑理路和实践方略。构建产教融合的现代职业教育体系、培养高技能人才是职业教育高质量发展的趋势，要向新谋发展、向质提水平，增强职业教育适应性。

四、研究方法

1. 文献研究法

利用中国知网和学校图书馆资源，对高职物流类专业智慧物流人才培养现状、模式及实施路径相关文献进行查阅、分析和比较，掌握人才供需现状形成理论成果，总结新质生产力与智慧物流人才培养的内在逻辑，为后续创新研究打下基础。

2. 调查研究法

对物流企业、行业协会、高职院校等开展问卷调查和实地调查，设计发放调查问卷，获得企业人才需求一手资料，掌握人才需求能力现状和各方对教学的意见和建议，以及学校人才供给现状。通过实地调查全方位掌握真实的智慧物流人才供需和教学实践情况，形成系统、全面的资料。

3. 定量分析法

对利用文献研究和调查研究整理出的数据进行定量分析，运用CiteSpace可视化知识图谱进行文献分析，运用统计分析方法对调查问卷进行定量分析，总结人才供需匹配情况以及构建能力结构模型。

4. 实证研究法

以我校现代物流管理专业为研究对象，采用"边研究、边实践、边改革、边建设"的行动研究，不断进行归纳总结，调整培养手段和方法，以达到精准培养的目的，并形成可复制推广的经验辐射周边院校。

5. 总结经验法

通过对产教融合视角下智慧物流人才培养的研究实践进行归纳与分析，总结经验及规律，把在人才培养模式、课程体系构建、教师队伍建设、工匠精神培育、课程思政建设等方面形成的经验通过发表论文、参加技能大赛、参加教学能力大赛等途径进行宣传。

五、文献综述

现代物流一头连着生产，一头连着消费，高度集成并融合运输、仓储、分拨、配送、信息等服务功能，是延伸产业链、提升价值链、打造供应链的重要支撑，在构建现代流通体系、促进形成强大国内市场、推动高质量发展、建设现代化经济体系中发挥着先导性、基础性、战略性作用。现代物流业在国民产业体系中的战略作用以及数智化转型升级对现代物流高技能人才提出了更高要求，高等职业教育是高技能人才培养的"主阵地"，提升人才质量、培养适应新质生产力的数字技能和创新能力是当前高等职业教育教学改革的重要课题，关系着培养可担负强国建设、民族复兴大任的时代新人的现实需要。那么，当前高职院校智慧物流人才培养研究集中在哪些方面？如何优化、创新人才培养模式？如何提高教育教学能力？这些是需要重点研究的内容，因此，本书通过运用 CiteSpace 可视化分析软件，全面系统梳理分析 2015—2024 年智慧物流人才培养研究热点和趋势，以期在产教融合模式、智慧物流技术应用、师资队伍建设、实训基地建设等方面为智慧物流人才培养的纵深化发展提供理论参考依据。

（一）数据来源与研究工具

1. 数据来源

为保证研究数据的科学性和可靠性，数据以中国知网（CNKI）为源数据库，具体检索策略为"主题＝智慧物流 AND 主题＝人才培养"，时间限制为2015 年 1 月 1 日至 2024 年 12 月 31 日。数据类型为学术期刊，共检索到 449 篇文献，为保证期刊信息采集结果的真实准确性，从已查询的原始文献中手动剔除与主题不相关的文献后，共收集文献 377 篇。在中国知网数据库系统中，信息收集的内容包括每篇文献的题目、内容、关键词、作者、研究单位、来源刊物和出版日期等。

2. 研究工具

本研究采用 CiteSpace 6.1.R3 软件作为可视化分析工具，通过分析文献相关内容，从合作作者、机构、关键词等方面展开分析研究绘制图谱，全面梳理描绘智慧物流人才培养领域的现状研究、前沿热点及未来研究趋势。

（二）智慧物流人才培养研究文献基本特征

1. 发文量分析

发文量是衡量某一研究领域在特定时间范围内研究热度的重要指标，对于分析该研究领域的研究焦点和研究趋势具有重要意义。通过降重处理获取有效文献 377 篇，时间切片为年，通过 Excel 数据处理，形成图 1-1，我国智慧物流人才培养研究大致可分为三个阶段：萌芽探索阶段（2015—2017 年）、迅速增长阶段（2018—2022 年）、稳定发展阶段（2023—2024 年）。从图 1-1 中可以看出，智慧物流人才培养相关研究起步虽晚，但成果数量增长态势明显，显示出清晰的政策和产业发展导向。在 2017 年之前，该研究领域关注度较低，相关研究比较少，随着物联网、云计算、移动互联网等新一代信息技术的蓬勃发展，物流业对相关人才提出能够使用信息手段提高物流效率的需求，2018 年相关研究主题即成为学界研究热点。2021—2022 年，研究处于迅速增长阶段，发文量分别达到 55 篇和 59 篇。2023 年，发文量进一步增加到 79 篇，显示出稳定的高增长特征。根据趋势线可知，该线性模型对智慧物流人才培养研究领域发文量的预测可行度相对较高，故而可以预见未来智慧物流人才培养研究领域将继续稳定发展。

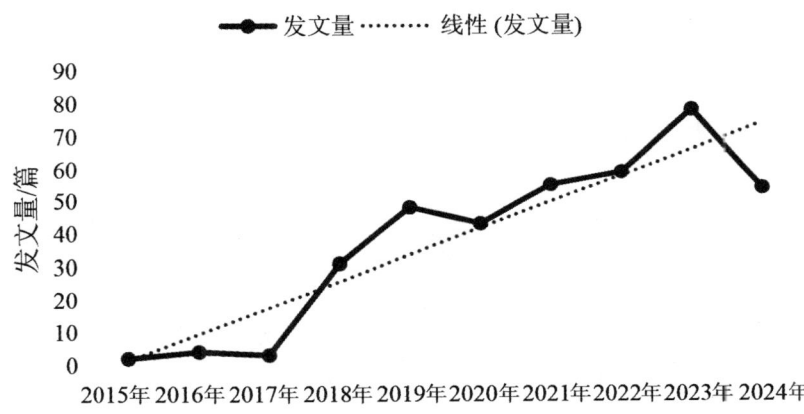

图 1-1 2015—2024 年智慧物流人才培养研究发文量统计图

2. 作者合作分析

通过 CiteSpace 软件进行作者合作共现分析，可以确定研究领域的作者影响力及学者间的合作网络结构。结果表明，当前该领域已涌现出一批具有较大影响力的学者。如图 1-2 所示，图谱中共包含 196 个节点，连线 56 条，网络密度值为 0.0029。这些数据揭示了在该研究领域中，作者分布主要呈现为较零散的独立研究状态，合作研究存在但相对较少，合作形式呈现出分散的状态。该研究领域中单人最高发文量是 4 篇，其中节点较大的作者是任翔、翁世洲、朱俊、刘胜达、严长远、杨跃辉、刘雪雪等学者，在发文量上排名靠前，在智慧物流人才培养背景、影响因素、模式、路径、策略、成效等方面进行了较为深入的探索和研究。这些学者的成果不仅从理论上丰富了智慧物流人才培养研究体系，也从实践上为同类院校提供了宝贵的指导和借鉴经验。值得注意的是，该领域初步构建了一定的协作网络，但未达到广泛链接的网状结构，仍有许多学者的研究工作呈现出相对孤立的态势。这种"单打独斗"的模式，在一定程度上制约了学术研究的广泛化、深度化、网络化发展，导致研究成果重复并可能造成研究资源的无效分配和重复劳动。因此，建议各位学者在未来研究中更积极地寻求交流与合作，提高研究效率和质量，促进学术融合发展，共同推动智慧物流人才培养研究的创新繁荣发展。

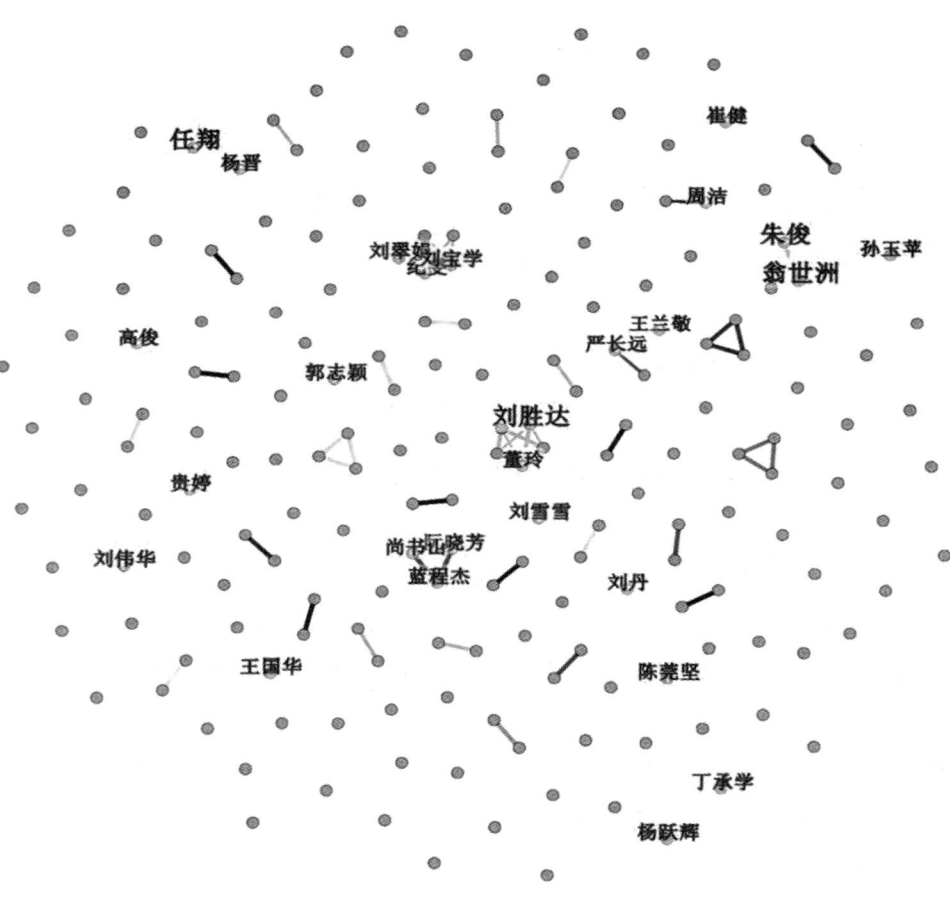

图 1-2 作者合作网络图谱

3. 发文机构分析

CiteSpace 能对发文机构进行深入分析，通过节点大小和中心性能够清晰地勾勒出某一学术领域研究力量的空间分布格局。节点越大代表该研究机构发文量越大，中心性反应节点的重要性，如图 1-3 所示，图谱中共包含节点 185 个，网络密度值为 0.0008。从发文机构的类型来看，该领域研究主要源自职业院校，体现出该领域研究的高度专业化特性。其中，陕西国防工业职业技术学院在发文量上表现突出，位列首位，排名前十的发文机构如表 1-1 所示。从地域分布的角度来看，研究力量基本遍在我国各个地区，展现了广泛的地理覆盖。此外，研究发现该领域研究机构总体发文量零散，机构之间缺少联系，这在一定程度上反映了当前各研究机构在整体研究上的合作意识不足，未来还有一定的合作空间。不同地域间的研究机构和研究人员应当进一步加强合作，构建智慧物流人才培养研究命运共同体。

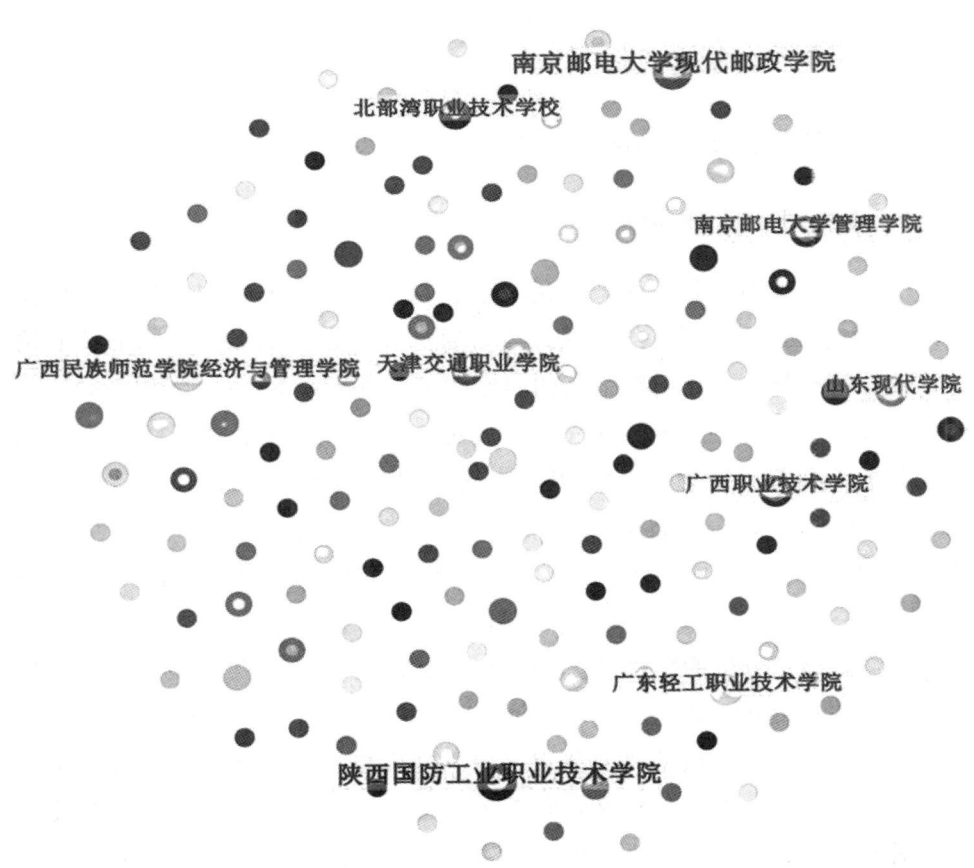

图 1-3　机构发文网络图谱

表 1-1　排名前十的发文机构统计表

序号	发文量	发文年份/年	发文机构
1	4	2022	陕西国防工业职业技术学院
2	4	2022	南京邮电大学现代邮政学院
3	3	2017	广东轻工职业技术学院
4	3	2019	山东现代学院
5	3	2019	天津交通职业学院
6	3	2019	北部湾职业技术学校
7	3	2022	广西职业技术学院
8	3	2020	广西民族师范学院经济与管理学院
9	3	2022	南京邮电大学管理学院
10	2	2018	石家庄信息工程职业学院

（三）智慧物流人才培养研究热点

1. 关键词共现网络分析

关键词共现网络分析用于评估选定文献中关键词的出现频次，从而体现学术界对某一研究领域的关注焦点。通过分析这些关键词之间的关联网络，能够精确判定不同主题之间的紧密程度与相互关联性。运用 CiteSpace 软件对智慧物流人才培养领域相关研究的 377 篇样本文献进行关键词共现网络分析，设置时间切片为 1 年，节点类型为关键词，K 值为 25，选择 pathfinder 算法和 pruning the merged network 剪枝策略，得到内含 252 个节点、321 条连线、网络密度值为 0.0101 的关键词共现网络图谱，如图 1-4 所示。

从文献计量分析的角度看，词频和中心性是测量关键词在共现网络中重要性的核心指标。其中，词频作为衡量关键词在文献中出现次数的指标，能直观地反映出该领域的研究热点；中心性则能揭示关键词在研究网络中的地位和影响力，中心性较高意味着该关键词对研究网络的构建和演化具有显著影响。表 1-2 列出了频次较高的 20 个关键词及其中心性，可以看出，智慧物流、人才培养、物流管理、产教融合、物流专业是频次排名前五的关键词，人才培养、智慧物流、物流专业三个关键词具有较高的中心性，说明涉及智慧物流、人才培养、物流管理、产教融合、物流专业的内容是现阶段的研究热点。

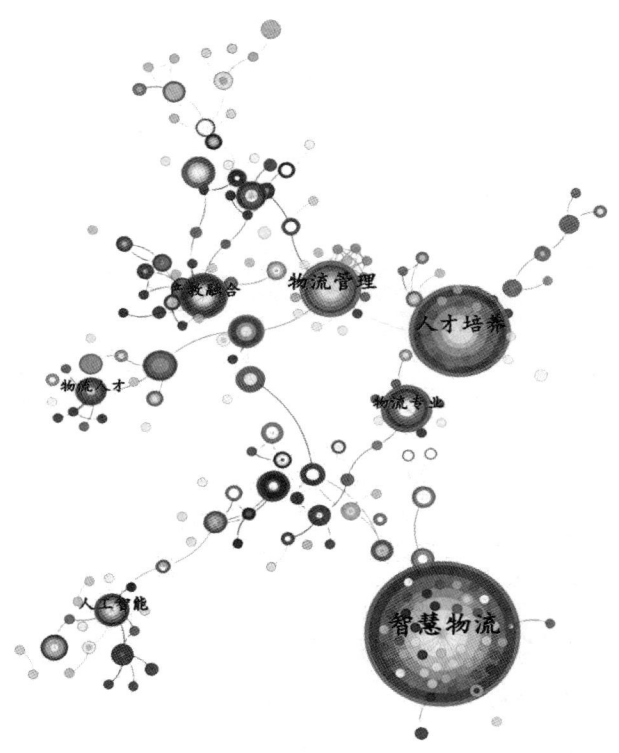

图 1-4 关键词共现网络图谱

表 1-2 智慧物流人才培养研究高频关键词及中心性统计表

序号	关键词	频次/次	中心性
1	智慧物流	226	0.71
2	人才培养	91	0.74
3	物流管理	30	0.63
4	产教融合	20	0.39
5	物流专业	19	0.66
6	智能制造	13	0.2
7	教学改革	12	0.17

序号	关键词	频次/次	中心性
8	高职院校	11	0.22
9	大数据	10	0.03
10	物流人才	10	0.11
11	培养模式	10	0.14
12	人工智能	9	0.24
13	供应链	8	0.42
14	校企合作	7	0.32
15	实践教学	7	0.06
16	乡村振兴	6	0.04
17	人才需求	6	0.07
18	两业融合	6	0
19	职业教育	5	0
20	物流	5	0.04

2. 关键词聚类分析

为更直观地呈现研究热点间的主题联系，在绘制关键词共现网络图谱的基础上对智慧物流人才培养研究的关键词进行聚类分析，采用 CiteSpace 的 LLR 进行群集分析，得到 12 个主要聚类群，并形成聚类网络图谱，如图 1-5 所示。在关键词聚类网络图谱中，利用 cluster、show the largest K cluster 功能，选取排名前 12 位的聚类：♯0 智慧物流、♯1 人才培养、♯2 物流管理、♯3 物流、♯4 产教融合、♯5 大数据、♯6 对策、♯7 物流人才、♯8 物流专业、♯9 培养模式、♯10 培养路径、♯11 数字经济。在 CiteSpace 软件中，Q 值高表明文献网络的聚类清晰，每个聚类内部的文献紧密联系；S 值高表示聚类内部的文献内容一致性高。当图谱的 Q 值超过 0.3 时，表示社团结构的划分具有显著的统计学意义；当 S 值达到 0.7 时，意味着聚类结果高效且具有可靠性。该分析数据显示，Q 值为 0.8402，S 值为 0.9648，均超过基准值，整体网络密度值为 0.8982，表明图中聚类结构合理且可信度高。

生成的关键词聚类数据统计表如表 1-3 所示，关键词对应的数值越大，代表该关键词出现的频次越多。

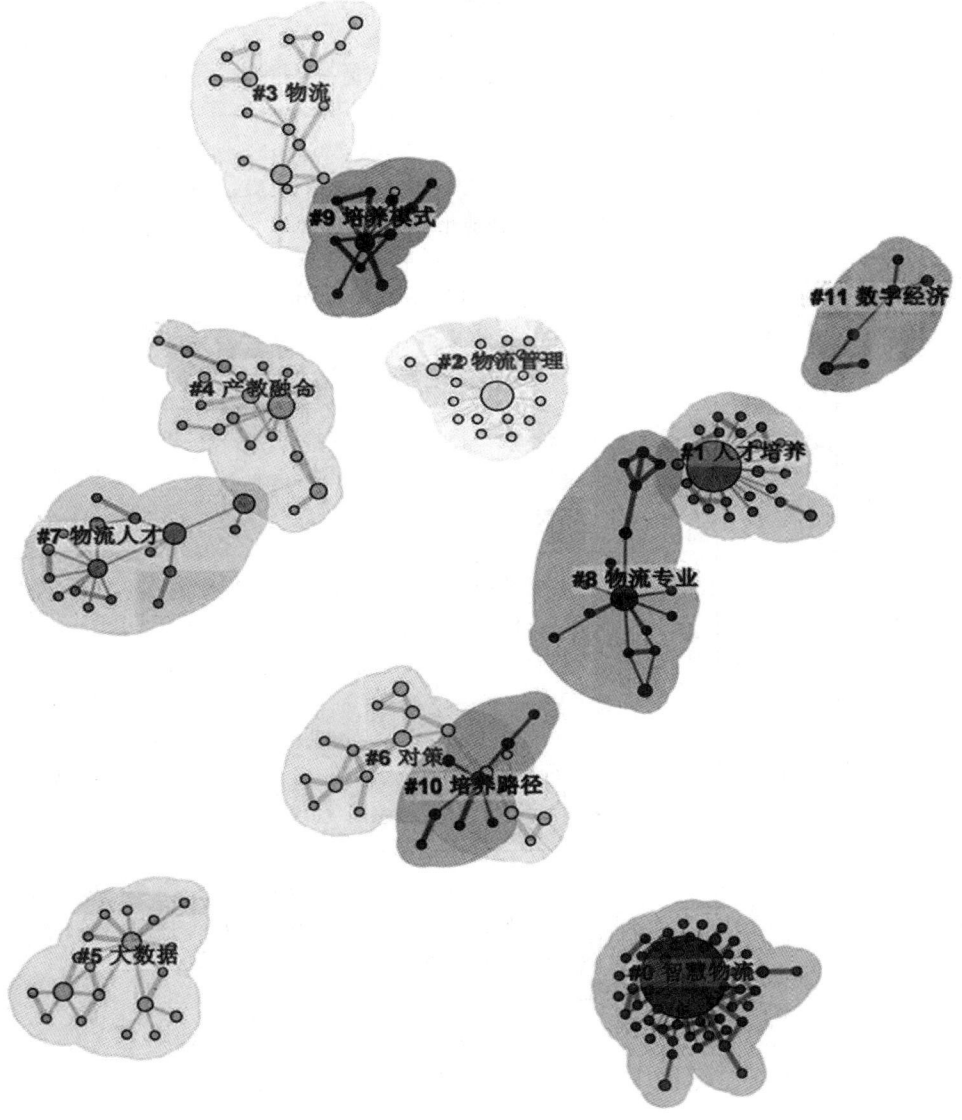

图 1-5 关键词聚类网络图谱

表 1-3　智慧物流人才培养研究关键词聚类统计

聚类号	数量	轮廓值	相关关键词
0	55	1	智慧物流（9.55，0.005）；人才培养（6.01，0.05）；人才培养模式（5.56，0.05）；智能制造（4.58，0.05）；产教融合（4.56，0.05）
1	24	1	人才培养（48.94，0.0001）；岗位迁移（11.02，0.001）；新财经（3.65，0.1）；技术赋权（3.65，0.1）；智能化（3.65，0.1）
2	21	0.998	物流管理（32.54，0.0001）；专业建设（11.64，0.001）；自我诊断（5.79，0.05）；实训平台（5.79，0.05）；中职物流（5.79，0.05）
3	20	0.931	物流（24.38，0.0001）；人才（13.77，0.001）；智慧城市（13.77，0.001）；信息技术（5.99，0.05）；比较（5.99，0.05）
4	19	0.936	产教融合（38.7，0.0001）；校企合作（15.85，0.0001）；实践教学（10.52，0.005）；评价体系（5.24，0.05）；培养成效（5.24，0.05）
5	19	0.945	大数据（19.76，0.0001）；人工智能（19.76，0.0001）；信息安全（12.19，0.001）；乡村振兴（6.06，0.05）；传感网（6.06，0.05）
6	18	0.965	对策（11.64，0.001）；协同发展（11.64，0.001）；发展现状（11.64，0.001）；互联网＋（11.64，0.001）；供应链（9.55，0.005）
7	17	0.976	物流人才（27.47，0.0001）；智能制造（27.44，0.0001）；两业融合（16.31，0.0001）；岗位需求（5.39，0.05）；一带一路（5.39，0.05）
8	16	0.878	物流专业（18.9，0.0001）；信息化（17.75，0.0001）；农产品（11.77，0.001）；中职学校（5.85，0.05）；政策法规（5.85，0.05）

聚类号	数量	轮廓值	相关关键词
9	11	0.9	培养模式（22.45，0.0001）；实践（7.34，0.01）；保障机制（7.34，0.01）；培养（7.34，0.01）；会计人才（7.34，0.01）
10	10	0.949	培养路径（16.59，0.0001）；人才需求（12.8，0.001）；物流岗位（8.19，0.005）；高职智慧物流人才（8.19，0.005）；新零售（8.19，0.005）
11	11	0.993	数字经济（16.59，0.0001）；发展路径（8.19，0.005）；跨境物流（8.19，0.005）；京津冀（8.19，0.005）；供应链管理（4.43，0.05）

（四）智慧物流人才培养研究趋势

为更加直观揭示研究热点的更迭与演化，进行关键词时间线和突现分析，全面梳理2015—2024年间的研究特点和不同阶段的研究热点，并绘制时间线聚类图谱，如图1-6所示。时间线（time line）用于展示关键词随时间演进的路径，节点间的连线反映了关键词间的关联；突现词（burst term）指在某一时间内词频贡献度陡增的关键词，即表示一个潜在话题已经或正在引起学界的关注。综合上述分析，总结得出智慧物流人才培养研究趋势。

1. 产教融合视角下智慧物流人才培养研究

产教融合是指产业与教育相融相促、互联互通。随着人工智能、云计算、物联网、互联网、区块链等新一代数字技术的发展，产业向数字化、智能化、网络化转型升级迭代，对高职院校物流人才培养提出了更高的要求，《教育强国建设规划纲要（2024—2035年）》中指出，构建产教融合的现代职业教育体系，产教融合将会更加在专业人才培养中向下扎根、向上生长地广泛开展。因此，产教融合视角下高职院校智慧物流人才培养研究将会成为未来很长时期的重要研究趋势。

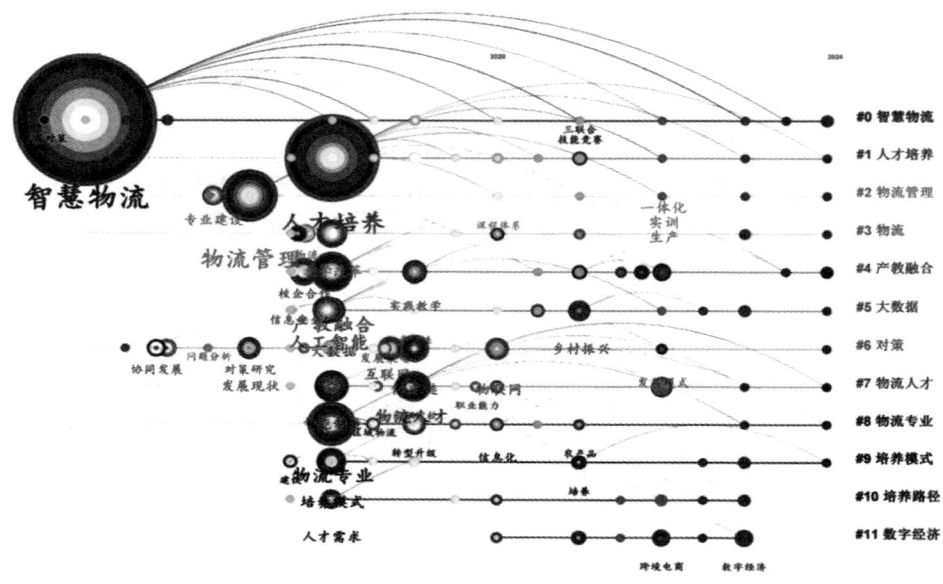

图 1-6　关键词时间线聚类图谱

2. 新质生产力视角下智慧物流人才培养研究

新质生产力以科技创新为核心要素，人才是生产力中最活跃的要素，也是加快形成新质生产力的关键赋能要素。职业教育在我国发展大局中肩负着培养大国工匠、能工巧匠、高技能人才的重任，智慧物流急需各类专业性的人才，人才短缺已制约我国物流业进一步发展突破，大部分物流企业缺乏既掌握计算机技术、网络技术和通信技术等相关知识又熟悉现代物流运作规律的复合型人才。因此，结合国家战略、产业发展、企业转型升级，以新质生产力的视角探索并实践高职院校优化智慧物流人才培养模式与路径正当其时。

3. 数字技术赋能智慧物流人才培养研究

智慧物流本身就是物流行业新质生产力，智慧物流作为数字技术与物流业深度融合的产物，依托大数据和云计算能力，高效整合、管理和调度资源，并为各个参与方按需提供信息系统及算法应用服务，业务数据化是智慧物流的重要基础。中国信息通信研究院统计，随着数字经济规模的持续增长，预计到 2025 年，中国数字经济人才总量约为 4500 万人，但人才需求总数将超过 7500 万人，人才缺口将接近 3000 万人。因此，如何助力物流产业数字化转型所需高技能人才支撑，适应数字经济的智慧物流人才培养将会成为高职院校的研究趋势。

第二章　产教融合视角下高职院校智慧物流人才培养模式研究

一、引言

随着新一轮科技革命和产业变革浪潮，以及数字中国带动的数字经济、数字技术的快速发展，现代物流行业正经历从传统模式向数字化、网络化、智慧化转型的深刻变革。物联网、大数据、人工智能、云计算、互联网等技术的广泛应用，推动了物流供应链的智能化升级，企业对具备复合型技能的高素质高技能智慧物流人才需求日益迫切。然而，当前高职院校物流人才培养模式仍面临课程体系滞后、实践能力不足、产教协同机制不完善等问题，导致人才供给与产业需求存在结构性矛盾。在此背景下，如何通过深化产教融合，构建适应智慧物流发展的新型人才培养模式，成为高职教育改革的重点方向。

产教融合作为职业教育高质量发展的核心路径，强调教育链、人才链与产业链、创新链的有机衔接。近年来，国家相继发布《国家职业教育改革实施方案》《关于推动现代职业教育高质量发展的意见》《关于深化现代职业教育体系建设改革的意见》《教育强国建设规划纲要（2024－2035年）》等政策，明确提出深化产教融合、创新人才培养机制的要求。智慧物流作为技术密集型领域，其人才培养不仅需要扎实的理论基础，更需依托真实产业场景进行技能训练与创新能力培养。因此，探索产教融合视角下的智慧物流人才培养模式，既是高职院校服务区域经济、对接产业升级、服务现代产业体系的必然选择，也是增强职业教育适应性和吸引力、提升职业教育社会认可度的关键举措。

当前，学界对智慧物流人才培养的研究多集中于技术应用或课程体系优化层面，而从产教融合视角系统探讨人才培养模式的研究相对不足。已有研究普遍指出，校企合作中的资源整合不畅、企业参与动力不足、实践教学与行业标准脱节等问题亟待解决。基于此，本研究以高职院校为研究对象，结合产教融合政策导向与智慧物流行业特征，通过调研分析现有培养模式的瓶颈，提出以产业需求为导向、校企协同为支撑、"岗课赛证"为主线的人才培养路径，旨在为高职院校智慧物流人才培养提供理论与实践参考，助力职业教育与产业发展的同频共振。

二、基于校企合作、工学结合的人才培养模式

高等职业教育具有高等教育和职业教育双重属性，以培养生产、建设、服务、管理第一线的高端技能型专门人才为主要任务。工学结合是培养高技能人才的有效途径，而校企合作是工学结合的重要基础和保障。工学结合、校企合作是实现职业教育人才培养目标的重要途径。国家发布的一系列政策文件旨在大力发展职业教育，提高职业教育教学质量。如教育部发布的《关于推进高等职业教育改革创新引领职业教育科学发展的若干意见》提出，以区域产业发展对人才的需求为依据，明晰人才培养目标，深化工学结合、校企合作、顶岗实习的人才培养模式改革；国务院发布的《国家职业教育改革实施方案》中提出，落实好立德树人根本任务，健全德技并修、工学结合的育人机制，完善评价机制，规范人才培养全过程；教育部

等四部门印发的《关于在院校实施"学历证书＋若干职业技能等级证书"制度试点方案》中指出，深化校企合作，坚持工学结合，充分利用院校和企业场所、资源，与评价组织协同实施教学、培训。

（一）国内外校企合作、工学结合人才培养模式现状

国外工学结合的人才培养模式最典型的是英国的"三明治"工读制度，即将中学毕业生招进企业，然后采取企业实际技能训练与各类职业技术学院职业基础知识和技能训练交替进行的方式，为企业和社会培训合格的技术工人；德国的双元制模式，即企业与学校相结合进行的职业技术教育；美国的合作教育模式，即劳动和教学相结合，以工读交替为原则；日本的产学合作模式，即在人才培养和交流上，开展教育方面的产学合作，特别是实行教职人员互聘制度；澳大利亚的 TAFE 模式，即各行业通过与学校合作建设实践基地、接待学生实习等方式参与学校的实践教学工作；新加坡的教学工厂模式，即教学和工厂紧密结合起来，给学生一个工厂的生产环境，让学生通过生产学到实际知识和技能。

我国的高等职业教育，在广泛借鉴发达国家职业教育经验和充分分析我国国情、学情、校情、企情的基础上，所形成的工学结合是将学习与工作结合在一起的教育模式，即以服务为宗旨，以就业为导向，以学生为中心，以综合职业能力培养为本位，充分利用学校内的教学做一体化模拟实训室、教学软件及全真的生产性实训基地等教学场所，并与校外企业提供的实习基地与顶岗实习岗位有机配合，把以课堂教学为主的学校教育和直接获取实际经验的校外工作有机结合，贯穿于人才培养过程中。我国高职院校典型的校企合作、工学结合的人才培养模式有引企入校模式、订单模式、冠名班模式、顶岗实习模式、项目驱动模式等，随着社会产业升级与经济增长方式的调整，职业教育要与社会经济发展、产业发展同步，因此校企合作、工学结合的人才培养模式在以往具体模式的基础上需不断进行创新改革。

校企合作、工学结合是一个与时俱进、不断完善的动态发展过程。目前高职院校在校企合作、工学结合方面还存在一些问题。一是企业教师无法兼顾同时开展学校上课和企业工作，时间上是冲突的，上课时间无法按

照正规排课时间，需要企业教师牺牲个人休息时间完成教学任务。二是企业的经营活动无法实时传输到学校的教学活动中，顶岗实习有局限性，学生有在校的学习任务，不能"全职"在企业实践，企业自身经营会受到影响。当学生的技能和经验不足时，或多或少地会影响企业的效益，对一些关键技术的使用和处理，学生还只能停留在观察体验阶段，需要企业承担风险。三是在"校热企冷"的态度不对称局面下要开展大规模订单培养，具有一定难度。另外，由于订单培养方案要按照企业的要求"量身定做""量体裁衣"，针对性较强，一旦企业经济效益滑坡，就会给订单学生的就业与转岗带来一定困难。

（二）深化校企合作、工学结合人才培养模式实践创新

校企合作、工学结合存在的问题需要高职院校进一步深化，如何针对性地改革人才培养模式？如何提升学校办学竞争力？如何依靠政府主导、行业指导、企业与学校相互依赖实现政行校企四方联动，实现多方共赢的局面？基于服务经济发展、满足社会需求、提高企业效益与学校影响力的需要，提出人才培养模式创新实践路径，如图 2-1 所示。

《现代职业教育体系建设规划（2014—2020 年）》中明确规定"鼓励企事业单位、社会团体和公民个人通过公益性社会团体或者县级以上人民政府及其部门向职业院校进行捐赠，其捐赠支出按照现行税收法律规定在税前扣除。企业因接受实习生所发生的与取得收入有关的合理的支出，按照税收法律法规的规定在计算应纳税所得额时扣除。对职业院校自办的、以服务学生实习实训为主要目的的企业或经营活动，按照国家有关规定享受税收等优惠。"企业具有社会责任，国家有相关政策支持，为深化合作提供了有力的保障。

融合办学形式、教学师资、教学场地、课程体系教材建设等方面是校企合作、工学结合的深化创新，在人才培养模式上，企业与学校之间以定向式培养或合作办学为主，辅以学制、上课时间、顶岗安排的灵活性，形成"校中厂""厂中校"灵活办学模式，下面从五个方面说明校企合作、工学结合的人才培养模式创新实践。

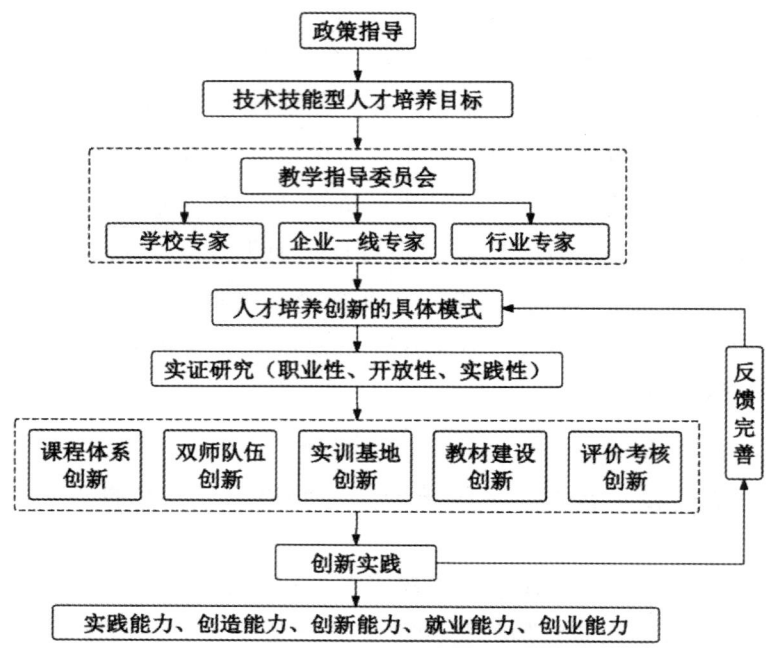

图 2-1 校企合作、工学结合人才培养模式创新实践路径

1. 课程体系创新

课程体系的构建以就业为导向，以校企合作为前提，以工学结合为核心，将学校的教学过程和企业的生产过程紧密结合，确定职业岗位所需知识、技能、素养对应的公共课程、专业技术平台课程、专业技术核心课程、专业能力拓展课程、专业综合课程、专业选修课程及教学内容，在此基础上提高实践教学比例达 50％以上，校企共同完成教学任务，突出人才培养的针对性、灵活性和开放性。以学校、企业、行业三方面为主的教学指导委员会为课程体系的构建提供智力与行动支持。

2. 双师队伍创新

随着物流产业的不断升级，人才需求也随之发生变化，高职院校的人才培养模式的创新同样需要来自行业企业的骨干力量，高等职业院校的教师队伍建设要适应人才培养模式改革的需要。高职院校的教师要具备双职业能力，一方面是执教能力，另一方面是实战能力，因此人才培养模式突出校企合作、工学结合需建立一支校企共建的教师队伍，即"走出去""引进来"，一方面学校教师进入企业一线掌握动态的管理技能变化，了解行业人才需求，掌握最新、最先进的理论与技能，提升自我职业实战能力，适应社会的发展；另一方面企业专业人才和能工巧匠进入学校成为兼职教师，把生产实践嵌入教学过程中，提高教学质量，为校企之间订单式培养、定向式培养与吻合企业人才需求提供保障。同时职业院校的教师能够为社会服务，为企业提供专业知识、技能指导，与企业人员共同提升技术技能。因此充分利用"双师型"教师的优势，是深化校企合作、工学结合人才培养模式改革的着力点。如我校已与多家合作企业签订了教师实践基地，大大提高了中青年教师的实战技能，实现了深度融合。

3. 实训基地创新

紧密联系企业厂校合作建立校内生产性实训基地，由学校提供场地和管理，企业提供设备、技术和师资支持，以企业为主组织实训；工学结合校外顶岗实习基地是校企双方合作，利用企业生产与经营资源建立的用于培养学生专业技能与职业素质的实践教学场所。加强校外顶岗实习力度，使校内生产性实训、校外顶岗实习比例逐步加大，提高学生的实际动手能力。这样才能有效推进校企合作，实现工学结合的人才培养改革，实现学校、学生和企业三方的合作共赢。工学结合的"岗课证"一体化课程体系的实施突出学生的实操能力，如我校已经建立校企数字传输课堂项目和物流综合实训平台，该平台主要包括物流电子商务实训平台（与企业、政府共建的生产性实训平台）、物流快递业务实训平台（与企业共建的代理公司）、国际贸易实训平台、国际货代实训平台、智能仓储实训平台，一体化实训室与生产性实训基地为实践课程提供了教学场所和教学工具保障。同时我校与合作企业签订协议，安排学生顶岗实习，我校顶岗实习分为三个阶段，第一阶段即在第二学期开展为期一年的校内生产性实训，主要利用顺丰速运校内实训基地；第二阶段即安排物流相关专业大二学生第四学期到校企合作企业开展为期三个月的集中带薪顶岗实习；第三阶段即在大三第五学期后半学期与第六学期开展集中或分散的顶岗实习。

4. 教材建设创新

专业与社会需求对接、教学过程与生产过程对接、教学内容与典型工作任务对接是实现校企合作、工学结合的最终反映，学生需要工学结合的教材，工学结合的教材建设是校企合作的体现。由专业教学指导委员会指导，行业协会、企业专家、学校共同开发基于职业岗位需求、生产过程、典型工作任务的教材是符合高职教育发展规律、学生自身成长规律的人才培养模式改革的落脚点。因此要与行业企业共同开发紧密结合生产实际的活页式、融媒体式立体化教材，并确保优质教材进课堂。校本教材是在"把企业引进学校，把课堂搬到车间""生产教学一体化"的模式下，根据企业的生产和技术需求而编定的适合教师教和学生学的教材。例如，现与我校合作的企业有广东苏宁云商销售有限公司、佛山市南储仓储管理有限公司、广州顺丰速运有限公司等多家企业，已编写的校企合作教材有《顺丰速运实操手册》《物流管理（苏宁班教材）》《ERP沙盘实训指导书》《物流公司岗位综合实训》等，为确保理实一体化教学实施提供可靠的保障。

5. 评价考核创新

多样化考核机制是课程考核改革的主导，要形成考核主体的多元化、考核形式的开放性、考核过程的全面化为一体的考核特色，以重职业核心能力、重专业实践能力为原则，考核主体主要是由专业教师、企业教师、学生形成的个人或评委会等360°考核主体。依据课程的特点和考核要求不同，考核的形式主要由笔试、机试、口试等多种形式相结合。课程的考核既要注重过程性考核也要注重结束性考核，既要注重个人考核也要注重团队考核。过程性考核要以技能考核为核心，知识素质贯穿于技能考核中，主要有个人课堂技能实操展示、团队任务型考核等多样化考核形式。

校企合作、工学结合是我国职业教育发展过程中遵循的人才培养主导模式，有效融合要结合院校的具体情况有的放矢开展，企业与学校之间要就人才培养目标、方式、权利义务等达成共识签订合作协议以实现双赢。

深化校企合作、工学结合和创新实践是各职业院校走向成功办学、培养现代化的技术技能型人才的必经之路。

三、基于现代学徒制的人才培养模式

校企合作、工学结合是职业院校人才培养模式的典范，全面有效地提升了人才培养质量。现代学徒制是对校企合作、工学结合的进一步深化，是基于传统学徒制与现代职业教育相结合的国内外职业教育发展改革的方向，2015 年 8 月，教育部遴选 165 家单位作为首批现代学徒制试点单位和行业试点牵头单位，在国家示范性骨干院校部分专业开始推行，截至目前，已分三批在全国布局了 558 个国家级现代学徒制试点项目，覆盖专业点1000 多个，惠及学生 10 万余名，累计培养企业新型学徒超 80 万人，形成了现代学徒制人才培养基本模式。目前，现代学徒制人才培养模式在职业院校广泛开展，已经形成典型的"先招工后招生""先招生后招工"和"招生招工同步"三种试点方式。现代学徒制的人才培养模式是对职业教育模式的创新，是对产教融合、校企合作，坚持工学结合、知行合一的践行，也是我国职业教育努力探索实践的结果，已经成为高职院校成熟的人才培养模式。

（一）基于现代学徒制的人才培养模式必要性分析

1. 解决服务区域经济发展的高技能型智慧物流人才短缺问题

现代物流业是服务于第一、二、三产业的国家支柱性产业，随着现代产业体系的数字化、智能化发展，尤其对智慧物流人才需求产生激增，目前高校培养的物流人才每年毕业生约为 40 万人，无法满足企业需求。而且，我国物流行业从业人员的学历水平、高级技师人员比例等远低于全国各行业的平均水平。企业尤其是流通企业转型升级与提升物流管理水平、第三方物流企业运作技术操作、跨境电商物流等所需的现代物流人才严重匮乏，取得物流师资格证的物流行业从业者不超过 10％。近年来，智慧物

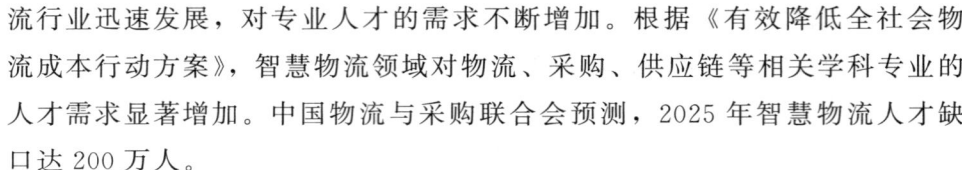

流行业迅速发展，对专业人才的需求不断增加。根据《有效降低全社会物流成本行动方案》，智慧物流领域对物流、采购、供应链等相关学科专业的人才需求显著增加。中国物流与采购联合会预测，2025 年智慧物流人才缺口达 200 万人。

2. 适应产业转型升级创新职业教育人才培养模式

随着珠三角现代产业体系的建立、广东产业不断升级，广东开始从"技能时代"向"高技能时代"转变，技工教育必须积极适应这种变化，不断推动技工教育向高端发展，培养出大量高技能人才，才能满足珠三角用工的需求，不然将长时间为"用工荒"所困扰。2022 年 10 月，中共中央办公厅、国务院办公厅印发的《关于加强新时代高技能人才队伍建设的意见》指出，技能人才占就业人员的比例达到 30％以上，高技能人才占技能人才的比例达到 1/3，探索中国特色学徒制。2022 年 12 月，国务院办公厅印发的《"十四五"现代物流发展规划》中指出，推进现代物流提质、增效、降本，为建设现代产业体系、形成强大国内市场、推动高水平对外开放提供有力支撑。高职院校要培育复合型高端物流人才，加强校企合作，创新产教融合人才培养模式。

3. 深化产教融合构建现代职业教育体系有力保障

2014 年 2 月，国务院常务会议确定了加快发展现代职业教育的任务措施，提出开展校企联合招生、联合培养的现代学徒制试点。2014 年，教育部印发的《关于开展现代学徒制试点工作的意见》中指出，建立现代学徒制是职业教育主动服务当前经济社会发展要求，深化产教融合、校企合作，推进工学结合、知行合一的有效途径。2019 年，教育部办公厅发布的《关于全面推进现代学徒制工作的通知》中指出，总结现代学徒制试点经验，全面推广现代学徒制。与区域经济发展、产业转型升级最为密切相关的是职业教育，我国高等职业教育已经从量变达到了质变的飞跃，目前已经处于内涵式发展阶段。为了适应社会经济发展对高技术技能人才的需求，全面提高教育教学质量，高职院校要深化校企合作，不断创新。现代学徒制正是为适应职业教育的发展应运而生的产物，现代学徒制招生即招工、入校即入厂，校企一体化育人模式在很大程度上解决了企业对人才需求短缺的顾虑，节约了招聘和培训成本。

（二）基于现代学徒制的人才培养模式现状分析

1. 国外研究现状

现代学徒制在国外一些国家，如德国、澳大利亚、英国、瑞士、法国等开展得热火朝天。这些国家在现代学徒制的发展过程中积累了很多宝贵经验，典型代表性现代学徒制人才培养模式主要有以下四种。

1）德国现代学徒制人才培养模式

在德国的现代学徒制中，学校和企业是对学生培养的双主体，学生在学校和企业的时间和学习任务不是相同的，往往企业相对于学校是主要方。企业培训依据的是由行业组织制定的全国统一的职业培训条例，学校教学则依据由教育主管部门制定的教学计划框架。

2）澳大利亚现代学徒制人才培养模式

澳大利亚把现代学徒制称为新学徒制，这种人才培养模式主要是以培养高素质人才为目的，联合社会组织的力量，在 TAFE 模式的基础上运行的，建立新学徒制培训服务中心，学徒的培训项目则是根据全国统一的资格认证框架下的培训包来设立的。

3）英国现代学徒制人才培养模式

英国的现代学徒制可以称为等级学徒制，即中级学徒制、高级学徒制和高等学徒制。学徒培训的依据是国家统一发布的学徒制框架，学徒需要获得对应等级国家资格证书。这种学徒制框架本质上是一种目标/结果导向的管理策略，对学习的具体内容和校企分工没有限制，培训机构教什么，企业教什么，学徒怎么学，都非常灵活。

4）瑞士现代学徒制人才培养模式

瑞士把现代学徒制称为三元制，主要由企业、职业学校和产业培训中心三方构成主体。其中企业培训是整个人才培养过程的中心，占整个学习时间的 70% 以上。企业培训与学校教育交替进行，产业培训中心的入门培训主要采取集中授课方式。学徒期满后，学徒要参加一系列的国家考

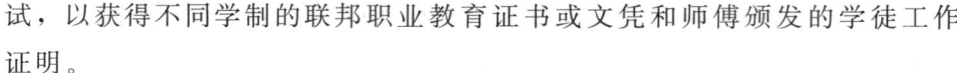

试，以获得不同学制的联邦职业教育证书或文凭和师傅颁发的学徒工作证明。

2. 国内研究现状

从 2011 年我国开始探索现代学徒制的人才培养模式，经过十几年的探索实践，到目前已经进入相对成熟的研究阶段，有待于在理论和实践中深度发展形成经验在高职院校推广。鲁叶滔在《基于现代学徒制的高职人才培养模式探析》中提出高职人才培养模式的现实困境，并从高职教育制度环境创新、师资建设强化、办学资源运作能力优化、人才培养质量评估体系完善等方面，提出了基于现代学徒制的高职人才培养模式建构的新路径；王雷在《基于现代学徒制的物流人才培养模式探讨》中提出了基于现代学徒制的人才培养模式及课程体系；蔡培培在《高职院校物流管理专业现代学徒制人才培养模式探索》中提出了物流管理专业现代学徒制人才培养模式的具体途径；赵鹏飞、陈秀虎在《"现代学徒制"的实践与思考》中归纳出实施现代学徒制必备的内涵要求，对在探索中遇到的问题进行了分析与思考，并在此基础上提出了建设性的建议。以上论文阐述中都总结了实施现代学徒制的障碍，其中主要的观点总结如下。

1）企业主动融合积极性有待提升

走校企合作、工学结合人才培养模式发展之路是高职院校一直推崇的，现代学徒制的践行是基于校企合作的，是校企合作的深度融合，如果没有校企合作作为支撑，那么现代学徒制就是一句空话。目前国家政府相关制度对于企业参与职业教育改革缺少优惠政策支持，企业主要顾虑师傅带徒弟的时间成本、管理成本等相应增加，甚至会影响经济效益，企业恐无法有效兼顾教学与生产，因此积极性不高。

2）国家政策制度顶层设计需完善

在我国提倡的校企合作中，国家没有完善的制度管理政府、行业、企业、学校之间的相互关系，没有统一明确各自在实施校企合作中的责任和权力。在我国法律体系中，学徒身份及相关问题没有明确规定，职业教育法、劳动法等只是提出了工学结合的建议，学生成为学徒之后的保险、工龄、待遇等没有明确的法律保障，这些由企业弹性制定有时会使学徒满意度不高。特别现代学徒制更没有相关法律的具体明确的规定，影响了现代学徒制的推行。

3）实施过程校企生三方矛盾频现

通过师傅带徒弟的教学模式为企业储备人才、提升企业核心竞争力和制定企业的人才战略具有一定的优势，为学校提高培养质量、为学生较早规划职业生涯打下基础。一般情况下，企业最初是认可的，但在实施过程中会遇到企业以生产为中心与学校以教学为中心的矛盾、学生教室学习与真实工作场景实践的矛盾、企业成本与效益的矛盾、学校组织教学管理与企业经营管理的矛盾、学生学徒态度与导师教导态度的矛盾等一系列矛盾，以上情况往往与学生的职业成熟度尚处于发展期、企业追求利润最大化等息息相关，达不到一致性。因此学徒制往往达不到合作双方各自的预期目标。

（三）基于现代学徒制的人才培养模式研究

1. 现代学徒制的内涵

现代学徒制是社会发展、职业教育模式不断创新的历史产物，适应了职业教育模式现代化发展的需求，遵循了构建现代职业教育体系的规律，相比较于传统学徒制，其区别主要包含以下三个方面。

1）与职业教育相结合

传统学徒制就是典型的"师傅-徒弟"关系，徒弟是零基础，需要师傅手把手地去教，其中徒弟出师需要一个长期的过程，会受到徒弟的个人学习能力和师傅的教学方法等因素影响。而现代学徒制是"导师-学生"关系，以在校理论学习和实践学习为先导，同时进入企业进行真实场景中的工作，只需要导师在工作中给予指导与支持。

2）与企业需求相融合

现代学徒制的特色是进校即进厂、招生即招工、校企双主体的育人模式，这样企业能够培养企业所需的各岗位人才，从长远角度看，尤其是广东经济发展处于全国的前沿，产业的不断升级倒逼企业要提前做好人才储备，经过学校和企业系统的职业培养有效降低了人才开发与管理成本，提升了人才战略竞争力。

3）与产教融合相契合

现代学徒制是对产教融合的具象化，对校企合作、工学结合人才培养模式的延续、深入和升华，校企合作、工学结合是现代学徒制的基础，二者相辅相成、自成一体，没有校企合作、工学结合，现代学徒制真实工作场景、师傅从何而来？没有现代学徒制，校企合作、工学结合依然停留在浅表层。

2. 根据服务区域经济发展和产业转型升级的需要制定人才培养目标

区域经济发展和产业转型升级最关键的是人才，技术技能型人才缺口较大。以我校为例，为满足粤港澳大湾区（简称大湾区）及珠三角对于智慧物流人才的需求，通过企业调查研究分析和行业专家的指导，我校现代物流管理专业的人才培养目标是：本专业培养践行社会主义核心价值观，德智体美劳全面发展，具有一定的科学文化水平、良好的人文素养、职业道德和创新意识、精益求精的工匠精神、较强的就业能力和可持续发展的能力，掌握现代物流管理知识和技术技能，面向粤港澳大湾区道路运输、多式联运、货运代理、仓储等行业的国际国内货运代理人员、仓储人员、物流与供应链运营人员等职业群，能够从事货运代理、报关、仓储、运输与配送、采购、供应链管理等管理工作和规划的高素质高技能人才。

3. 现代学徒制人才培养模式保障机制

1）根据企业岗位需求重构课程体系保障

课程体系是开展教学活动、实现教学目标的主导，课程体系围绕行业企业岗位需要的专业知识和实践技能建立，行业人才需求与企业既有共性又有所区别，与企业合作成立的现代学徒制班专门培养面向企业的人才，课程体系的设置既要符合企业岗位要求又要满足行业发展需求。以我校为例，我校以第三方物流公司、生产制造企业、国际货代公司、商贸流通企业等职业岗位群（运输、配送、货代、采购、国际物流、客服）对应的工作任务为切入点，以培养岗位技术能力为目标，顺应职业教育发展制定了"2＋0.5＋0.5"学制模式，结合现代学徒制特点和学生职业成熟度发展规律，以"岗位认知（导师主体）—岗位实习（师徒共同主体）—岗位实践（徒弟主体）"三部曲开展课程学习，制定了表2-1所示的工学交替的专业课程体系。

表 2-1　基于现代学徒制的课程体系

工学交替	课程体系		时间		教学地点	任课教师
	课程性质	主要课程名称	学期	周数		
学习	公共基础课	思想道德与法治、习近平新时代中国特色社会主义思想概论、形势与政策、高职英语、大学生职业发展与就业指导、劳动教育	第一学期	16周	普通教室	校内导师
工作	专业基础课	企业文化培训、物流岗位认知		4周	现代学徒制合作企业	企业导师
		物流岗位综合实训		18周	校内生产性实训基地	校内/企业导师
学习	专业平台课程	智慧物流与供应链基础、现代管理方法、物流法律法规、数字化供应链运营	第二学期	18周	校内一体化教室	校内导师
工作		职业岗位培训		4周	校内实训基地	企业导师
		顺丰速运实操		18周	顺丰校内生产性实训基地	校内/企业导师
学习	专业技术课程	智慧仓配运营、智慧运输运营、采购与供应管理、国际货运代理实务、智能仓储规划	第三学期	18周	校内一体化教室	校内导师
工作		国际物流综合实训		4周	校内实训基地	校内导师

续表

工学交替	课程体系		时间		教学地点	任课教师
	课程性质	主要课程名称	学期	周数		
学习	专业技术支撑课程	物流大数据分析、供应链网络设计与优化、跨境电商实务	第四学期	16周	校内一体化教室	校内导师
工作		运输、仓储配送业务综合实训，客户关系管理实训		8周	现代学徒制合作企业	企业导师
工作	岗位实习，独自完成岗位职责		第五、六学期	36周	现代学徒制合作企业	企业导师

2）校外实践基地的纵深合作保障

以我校为例，近年来，与我校现代物流管理专业合作的企业主要有京东物流、邮政速递、德邦物流、富士康科技集团 C 次集团和 G 次集团、顺丰速运、广汽集团等，主要岗位是采购、单证处理、客服、仓储管理和企业物流等，我校将继续与企业深度合作，实现招生与招工一体化。首先与上述企业洽谈合作培养协议，签订现代学徒制校企合作框架协议，以企业名称冠名现代学徒制班，面向普通高中毕业生和中职生进行自主招生，双方共同确定招生人数、报考条件、招生考核方案，由企业作为面试主考官进行招生。招生后学生、企业和学校签订三方协议，明确三方的权利和义务，这样有利于现代学徒制的开展。

3）双导师队伍的建设保障

双导师教学队伍是实现现代学徒制人才培养模式目标的有力支撑，学生的双重身份需要专任教师与企业导师（师傅）共同对学生（徒弟）承担教学与实习指导。企业导师不再仅是学校的兼职教师，企业导师需具备扎实的专业知识和技术技能，能够利用多样化的指导方式，充分地讲解与演示企业文化、工作岗位的职责、工作流程等，通过言传身教潜移默化地让学生在真实的工作场景中掌握知识与技能，培养学生的职业素养，同时承担专业改革、课程体系设计任务，全过程、全方位参与人才培养。在校专任教师承担着系统讲授理论知识、理论与实践一体化和校内生产性实训的指导工作。双导师队伍的建设是现代学徒制发展的必然趋势，是有效践行现代学徒制的保障，是符合职业教育"双师型"要求的根本，因此企业要开展选拔、考核学徒制导师以确保人才培养质量，学校要制定管理办法，对培养专任教师的工作实战能力给予大力支持。如我校各专业每学期都会安排一名专任教师到企业顶岗实践半年或利用寒暑假到企业岗位实践。

　　4）学校教学组织管理保障

　　为了使现代学徒制人才培养模式有效开展，学校的教学组织管理也要灵活组织以适应学生的工学交替。学校需制定各项规章制度，在原有学生校外顶岗管理办法的基础上，明确校内专任教师与企业导师的工作职责，学校与企业共同就企业导师选拔与聘任资格、考核标准、学徒运行管理等制定规章制度，有效保障学生在企业的安全、生活后勤服务和学生的薪酬。如关于社保缴纳问题，我校的规定是顶岗实习期间由所在企业缴纳，在校学习期间由企业、学校和学生分别承担三分之一的社保费用。因此在保证校内与校外学生学习和实践的顺畅组织方面，学校要采取针对专业特点的灵活化、规范化、定制化的教学管理章程。

　　现代学徒制的试点标志着我国创新产教融合又迈出了至关重要的一步，新型人才培养模式的开展上了一个新台阶。当然，现代学徒制的开展与推行还需要国家政策上给予企业更多具体可操作性的优惠政策才能使企业不遗余力地与学校共同实施现代学徒制，需要政校企行多方联动，实现现代学徒制教学成果在高职院校中的推广，给我国的现代职业教育体系的构建打下坚实的基础。

四、基于"岗课赛证"融通的人才培养模式

　　职业教育是与普通教育具有同等重要地位的教育类型，承担着科教兴国战略、人才强国战略、创新驱动发展战略的重任。粤港澳大湾区建设是全面建设社会主义现代化国家的重要抓手和支撑，职业教育肩负着为大湾区建成全球科技创新高地和新兴产业重要策源地培养更多高素质高技能人

才、能工巧匠、大国工匠的时代使命。职业院校是培养高素质工匠型高技能人才的"主阵地",工匠型高技能人才在实现粤港澳大湾区发展目标中是大湾区科技力量的配合力量、科技创新成果转化为生产力的"主力军"和产业转型升级人才供给的中流砥柱。

2021 年 4 月全国职业教育大会首次提出"岗课赛证"融通综合育人的创新育人模式,是我国深化产教融合办学体制、校企协同育人要求的特色育人新模式,是有效提高人才自主培养质量的新举措。粤港澳大湾区包括香港特别行政区、澳门特别行政区和广东省广州市、深圳市、珠海市、佛山市、惠州市、东莞市、中山市、江门市、肇庆市九市(以下称珠三角地区),截至 2022 年 9 月,大湾区共有高职院校或机构 91 所,其中香港 13 所,澳门 8 所,珠三角地区 70 所。这两区九市是两种制度、三种货币、三种法律制度、三个关税区、四个中心城市并存的局面。因此本节主要以珠三角地区高职院校践行的"岗课赛证"融通综合育人模式为研究主体,探索形成成熟典型的"湾区样本",进一步辐射港澳地区,港澳地区可结合区情,开展综合育人新尝试。

(一)"岗课赛证"融通综合育人内涵

高质量是全面建设社会主义现代化国家的首要任务,是职业教育中国式现代化的必然选择。2021 年 10 月,中共中央办公厅、国务院办公厅印发的《关于推动现代职业教育高质量发展的意见》中指出,完善"岗课赛证"综合育人机制,按照生产实际和岗位需求设计开发课程,开发模块化、系统化的实训课程体系,提升学生实践能力。"岗课赛证"融通综合育人是促进职业教育高质量发展、提质培优赋能的新动力,把握职业教育新发展阶段、贯彻落实新发展理念、服务构建新发展格局的新举措,是政府、行业、企业、学校四位一体多元参与协同育人,促进教育链、人才链与产业链、创新链融合的新动能,是打破产业界、教育界、竞赛界、证书界的思想障碍和制度藩篱,深化产教融合、校企合作的新形式。

"岗"是职业岗位(群)(简称岗位),是综合育人首要要素,是学习技术技能的逻辑起点,对接科技革命和产业结构调整,要求动态掌握岗位能力需求变化。"课"是课程（体系）（简称课程），是综合育人核心要素，是实现培养目标、提升人才自主培养质量的重要引擎。"赛"是职业技能大赛（简称竞赛），是综合育人关键要素，是检验教学成果、引领教学改革的重要抓手。"证"是职业证书（简称证书），是综合育人保障要素，是畅通技术技能人才成长通道、拓展就业创业本领的重要推手。"岗课赛证"融通综合育人，要以深化现代职业教育体系建设改革为目的，以岗位和课程为核心和载体，竞赛与证书对接产业需求、岗位综合职业能力，四位一体、相辅相成、相互促进，形成内在联系的融合体以开展教学活动。岗位、竞赛、证书作为职业教育综合育人要素，统筹综合育人要素、职业教育层次和育人要素等级，横向职普融通和纵向层次贯通，发挥学生多通道成长、多样化成才的立交桥作用，构建三维立体融通共同体，如图 2-2 所示。

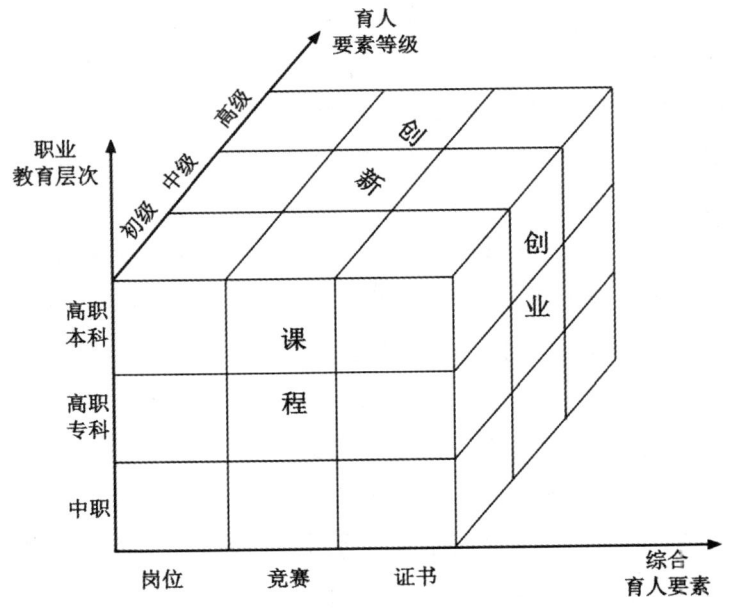

图 2-2　三维立体融通共同体

（二）"岗课赛证"融通综合育人时代价值

世界级城市群和国际一流湾区建设需要各类人才，高职院校是技能人才培养的"主战场""主渠道",大湾区高职院校要坚持问题导向和目标导向,坚持系统观念,促进粤港澳优势互补,实现共同发展。"岗课赛证"融通综合育人助力培育服务大湾区经济社会发展的复合型创新型高素质高技能人才,打造新时代"湾区样本"。

1. 响应大湾区创新驱动发展战略,满足产业转型升级对技术技能人才的需求

创新驱动发展战略是国家部署的重大战略,也是大湾区建设的核心战略。新一轮科技革命和产业变革深入发展,数字化和智能化技术在各产业领域不断推广和应用,优化产业结构布局,技术的创新、迭代和升级要求产业转型升级步伐不断加快,产业融合发展成为引领新一轮产业变革的方向。《粤港澳大湾区发展规划纲要》指出,要加快发展先进制造业、培育壮大战略性新兴产业、加快发展现代服务业以及大力发展海洋经济。大湾区的现代产业体系正在向价值链专业化、细分化、高端化延伸,以及向数字化、智能化、绿色化发展,适应数据要素流动、数字赋能创新链的产业新定位,构建产业链新生态。大湾区已经形成电子信息、新能源汽车、无人机、机器人、石油化工、服装鞋帽和玩具加工等产业集群,产业集群不仅需要高级管理人才和科技创新引领人才,还需要复合型创新型高技能人才,高技能人才发挥协助产业链和创新链共同发展的关键作用。产业集群与人才集聚的耦合发展是产教融合的最好的表达。2021年8月17日,广东省人社厅发布2020年的《粤港澳大湾区(内地)急需紧缺人才目录》,从未来3~5年紧缺人才需求情况看,企业对技能人才的需求最大,占47.32%。《粤港澳大湾区数字经济与人才发展研究报告》指出,大湾区人才的平均数字化程度为26.98%,数字化人才需求吸引力明显。大湾区复合型创新型产业人才需求与供给呈现不平衡、不匹配等问题。因此,应对大湾区创新型复合型高技能人才缺口和数字化人才需求的新挑战,大湾区高职院校专业设置、建设、改革发展要瞄准产业集群发展,发挥人才集聚效应。"岗课赛证"融通综合育人是实时对接融合了产业界、教育界、竞赛界和证书界各界领域的新业态、新模式、新职业的育训结合模式,要瞄准科技革命和产业变革、服务大湾区产业体系、增强职业教育服务大湾区经济社会发展的

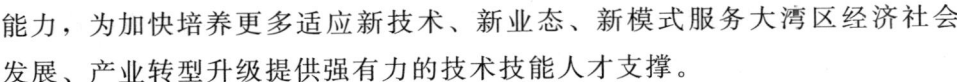

能力，为加快培养更多适应新技术、新业态、新模式服务大湾区经济社会发展、产业转型升级提供强有力的技术技能人才支撑。

2. 优化职业教育类型定位，推动大湾区职业教育高质量发展

《中华人民共和国职业教育法》明确了职业教育是与普通教育具有同等重要地位的教育类型。为职业教育从国民教育体系的"层次教育"转变为"类型教育"提供了法律依据，为职业教育高质量发展指明了方向。党的二十大报告中指出，统筹职业教育、高等教育、继续教育协同创新，推进职普融通、产教融合、科教融汇，优化职业教育类型定位，为职业教育从"强化"到"优化"明确了发展路径。《关于推动现代职业教育高质量发展的意见》中指出，完善"岗课赛证"综合育人机制，按照生产实际和岗位需求设计开发课程，开发模块化、系统化的实训课程体系，提升学生实践能力，为职业教育高质量发展明确了具体育人模式和实践途径。在教学层面，"岗课赛证"融通综合育人立足大湾区，营造了课程标准与职业技能标准、职业技能等级标准、职业技能大赛评价标准对接，教学过程与生产过程、竞赛过程对接，学历证书与职业技能等级证书对接，职业教育与终身学习对接的良好育人生态。"岗课赛证"融通综合育人把产业行业的职业岗位、职业技能大赛、证书所需的知识技能融通贯穿于人才培养全过程中，校企共建动态开放型课程体系、模块化教学、行动导向教学方法、综合评价方式等，为职普融通打下了坚实的实践基础，是促进职普融通的助推器。大湾区职业教育高质量发展根本在于人才自主培养质量，"岗课赛证"融通综合育人是我国职业教育不断改革发展的时代产物，是推动大湾区职业教育高质量发展的重要举措。进一步深化产教融合、校企合作，"岗课赛证"融通综合育人是典型的完善产教融合机制、校企协同育人的模式，产教融合是延伸产业链、服务教育链的重要助手，是促进产教优势互补、供需耦合的主要推手。"岗课赛证"融通综合育人是打通产教融合"最后一公里"的质量保障，是优化职业教育类型定位的具体实施。科教融汇是人才链和创新链的精准有效对接，创新型复合型技术技能人才拥有丰富的一线生产建设经验，是科技成果转化的"中试车间"，为响应大湾区创新驱动发展战略、破解产业"卡脖子"问题发挥有力支撑作用。因此，新时代在优化职

业教育类型定位新赛道上，"岗课赛证"融通综合育人是推动大湾区技能人才高质量发展的新优势。

3. 增强职业教育适应性，促进学生全面发展

职业教育作为与经济产业结合最紧密的教育类型，一头连着产业，一头连着教育，在产业链供应链中具有人才供给桥梁作用，承担着培养大批具备劳模精神、劳动精神、工匠精神且精操作、懂工艺、会管理、善协作、能创新的多样化人才，传承技术技能，促进就业创业的重要职责。然而职业教育的专业课程教学内容依然存在时滞性，无法满足经济、科技社会的快速发展对人才的需求。"十四五"规划提出增强职业技术教育适应性。《关于推动现代职业教育高质量发展的意见》明确将切实增强职业教育适应性列为职业教育高质量发展的指导思想。2023年的《政府工作报告》中指出，大力提高职业教育质量。《中华人民共和国职业教育法》更是将提高职业教育质量、增强职业教育适应性的要求提升到法律高度。增强适应性已然成为职业教育最高的质量标准、内涵建设的主要内容。"岗课赛证"融通综合育人是增强职业教育适应性的重要引擎，政行企校多元协同综合育人，贯彻教育、科技、人才一体化发展，通过产教融合、校企合作、工学结合，及时更新调整专业教学标准、课程标准、实训教学条件建设标准、岗位实习标准，把职业岗位、技能大赛和技能等级证书所涉及的内容、标准、评价融入人才培养方案。竞赛获奖和证书获取不仅能提升学生的职业核心能力，也使学生的综合职业素养得到全面培育，成为学生就业创业的敲门砖。"岗课赛证"融通综合育人的职业性、多元性、全面性、系统性特点为促进职普横向融通和纵向贯通搭建了"立交桥"，为学生的全面发展提供了具体实践保证。

（三）"岗课赛证"融通综合育人实践路径

1. 党建引领，课程思政——育人共同体

高职院校要以习近平新时代中国特色社会主义思想为指导，深入贯彻党的二十大精神，牢记为党育人、为国育才的时代使命，落实立德树人根

本任务，坚持以生为本、因材施教、德技并修、五育并举的人才培养理念；在深化推进党建与专业建设的融合、课程与思政的融合的指导下，以培育和践行社会主义核心价值观为价值旨归，培育劳模精神、劳动精神、工匠精神，抓住教师队伍"主力军"、课程建设"主战场"、课堂教学"主渠道"，形成协同效应。课程思政元素的挖掘与融入重点围绕教育的根本问题，即培养什么人、怎样培养人、为谁培养人这一核心主线，融价值塑造于知识传授与能力培养中，各类课程与思政课程同向同行，充分发挥协同效应；所有教师构建"三全育人"共同体，围绕职业教育人才培养目标，构建全面覆盖、循序渐进、形式多样、有机促进的课程思政工作体系、教学体系和内容体系，努力培养德智体美劳全面发展的社会主义建设者和接班人，为全面建设社会主义现代化国家、实现中华民族伟大复兴的中国梦提供有力人才和技能支撑。

2. 产教融合，校企合作——产教融合体

深化产教融合、科教融汇是贯彻落实党的二十大精神、推进中国式职业教育高质量现代化发展的战略举措，珠三角地区深化产教融合措施主要有两个方面，一是打造珠三角地区市域产教科联合体，在政府、企业、学校、科研机构等多方深度参与下，共同推动"岗课赛证"融通综合育人新方式，在人才培养规格确定、课程开发、技能竞赛、证书等方面共建师资队伍、共商培养方案、共组教学团队、共建教学资源、共同开展教学评价。二是打造珠三角地区行业产教融合共同体，以龙头企业和高水平职业院校为主体，学校、企业、科研机构共同参与，集合产教资源，深入开发专业核心课程、实践能力项目、双向培训和技术服务等。截至目前先后成立了粤港澳大湾区职业教育产教联盟和大湾区产教融合发展联盟等，依托交流平台，可进一步推进大湾区职业院校实现资源共享、优势互补、协同创新、合作共赢，优化资源配置和功能整合，提高职业教育的适应性，服务粤港澳大湾区经济社会发展。2023年3月17日，由深圳职业技术学院和香港职业训练局合作共建的粤港澳大湾区特色职业教育园区正式开园，园区将突出粤港澳大湾区职教融合发展理念，探索中职与高职贯通、高职与本科层次职业教育贯通培养模式，服务大湾区产业转型升级。

3. 守正创新,"三教"改革——教学协作体

高职院校开展课程教学要遵循育人规律和科学施教,坚持教师引导和学生主体相统一,坚持科学性和艺术性相统一,坚持显性教学与隐性教学相统一,坚持知识和发展能力相统一;要在内容、方法、形式、途径上不断创新,教师、教材、教法是课程教学的关键要素,是教学质量的生命线,是"课堂革命"的源头活水。大力推进教师改革,首先要建设校企协同高素质专兼结合、融合创新的结构化"双师型"教师队伍,打造"岗课赛证"融通综合育人能说会做善导的教学创新团队。大力推进教材改革,教材设计基于"岗课赛证"运行主体,要体现新时代行业的新业态、新职业、新岗位,传授新知识、新方法、新规范,实践新技术、新工艺、新技能,引入基于工作流程系统化的典型生产案例,按照"岗课赛证"融通整体设计开发适应高职学生认知规律的纸质活页式、工作手册式、数字云教材等新形态教材。推进教法改革,要遵循"教无定法,贵在得法"原则,掌握学生认知基础与实践技能特点与规律,以行动导向教学法为主,开展项目教学、情境教学、模块化教学,践行数字技术与教学深度融合,直观呈现沉浸式工学一体的系统化、立体化工作流程模式画布,营造教学实践一体化、线上线下融合化的课程教学新生态、新场景。通过"三教"改革,高职院校要构建活力课堂,打造教学协作体,努力践行守教学规律之正,创"课堂革命"之新。

4. 理实一体,工学场所——工场综合体

高职院校开展的"岗课赛证"融通综合育人微观层面技术技能实践以工学结合为核心,教学场所是符合行业典型场景、课程教学内容特点的工学一体化场所,工学场所打破教室固有形态,创新教学场所多样化,如工厂车间、车站、码头、田间地头、流水线、研发生产一线等。随着行业企业数字化、智能化、网络化发展,校企实时对接真实工作任务,共建共享实训基地,利用数字技术完善校内一体化实训基地、生产性实训基地、虚拟仿真实训基地的建设,利用虚拟仿真技术创建实训环境,理实一体真实再现工作微场景,通过校内外实训实习基地实现学生"单项能力训练+综合能力训练+创新能力训练"的三位一体职业行动能力的提升。工场综合

体是赋能岗、课、赛、训、创、服相结合的现代化智慧功能型仿真实训基地，打造集教学、竞赛、考证等于一体的数字化、智能化职业场景的工场综合体，提升院校关键办学能力。

高职院校要树立"岗课赛证"融通综合育人的系统观念，并综合学校区情、校情、学情，因地制宜探索实践高素质高技能人才成长新模式，建立新优势，大力提升育人质量，服务国家教育强国、科技强国、人才强国战略，服务技能型社会建设，为以中国式现代化全面推进中华民族伟大复兴提供高技能人才支撑。

五、基于产教融合的人才培养模式

2022 年的《政府工作报告》中提到，2021 年超额完成高职扩招三年行动目标。2022 年将继续发展现代职业教育，改善职业教育办学条件，完善产教融合办学体制，增强职业教育适应性。高职扩招进一步改革完善职业教育制度体系，持续推进职业技能提升行动，为经济社会可持续健康发展提供更好的人力人才资源保障。我国数字经济发展、粤港澳大湾区建设等需要现代服务业向专业化和价值链高端延伸，这对于作为在国民经济发展中发挥重要基础性、战略性、先导性作用的现代服务业支柱产业的现代物流业而言，需要更多物流专业化、精细化、智能化人才，需要更多跨境供应链和电商物流规划解决方案、智能仓储规划、物联网运营、供应链管理和规划、国际货运代理等方面的现代物流高素质高技能人才。高等职业教育人才培养模式主要是产教融合和校企合作、工学结合等，因此在高职扩招背景下对现代物流管理专业产教融合人才培养模式的研究是符合国家战略发展对人才的需求和深化现代职业教育改革的要求的，并且具有重要理论研究和实践意义。

（一）基于产教融合的人才培养模式研究背景与意义

1. 响应国家发展战略，服务区域经济发展和供给侧结构性改革

随着我国数字经济时代的到来，"一带一路"倡议、粤港澳大湾区建设

等需要更多高素质高技能人才提供智力支撑，高等职业院校肩负着培养社会主义建设者和接班人的重要使命，物流业急需能够适应物流数字化转型发展的人才，高职扩招不但为新型数字化的物流业提供了有效的人力资源，而且为各类学习需求者提供了学历提升机会，优化成长成才路径，使学习者价值观、知识、技能得到有效提升。高职扩招通过规模的扩大和教育教学改革的加快推进，进一步深化产教融合，全面提升人才培养质量，对于服务区域经济发展和供给侧结构性改革具有现实意义。

2. 适应物流业数字化转型升级，提升就业核心竞争力

在经济全球化和电子商务的双重推动下，线上线下结合的新零售模式深入发展，推动了新物流的发展。新零售带来的供应链变革不断推动物流业对于效率的追求。现代物流业作为现代服务业的支柱产业，尤其是智慧物流在行业内加速转型升级，人工智能、物联网、大数据、云计算、区块链等数字化技术的应用，加快了产业数字化转型升级，势必需要相匹配的现代物流人才。人才智力支持是建设物流强国的关键资源，高职院校要以行业企业对既具备现代物流专业技能又具备现代物流管理能力的人才需求为导向，通过深耕产教融合、校企合作，助力物流行业能工巧匠的涌现，全面促进物流业在我国以国内大循环为主体、国内国际双循环相互促进的新发展格局中和保障产业链、供应链稳定中发挥桥梁纽带作用。高职扩招和产教融合对高职院校深化改革提出了新的要求，高职教育新的教学理念应运而生，全面提升高职院校现代物流管理人才培养质量水平需整合优化资源，改革人才培养模式是首要条件，生源多元化的分类分层培养保证了人才需求质量，对于更好地服务物流行业企业技术升级及提升就业核心竞争力具有实践意义。

3. 深化高职院校教育教学改革，抓住职业教育发展新机遇

2019 年，国务院印发《国家职业教育改革实施方案》，给扩招背景下的高职院校提出了新要求，其中要求深化产教融合、校企合作，育训结合，健全多元化办学格局，推动企业深度参与协同育人，促进产教融合校企双元育人。职业教育作为中国特色社会主义高等教育的重要组成部分，要实

现其横向融通和纵向贯通，高职院校要义不容辞地承担起这项时代重任。2022 年《中华人民共和国职业教育法》中明确规定职业教育是与普通教育具有同等重要地位的教育类型，是培养多样化人才、传承技术技能、促进就业创业的重要途径。职业教育通过扩招培养出更多的高素质高技能人才，推动适龄人力资源充分就业，承担更多的社会责任、创造更多的优质社会财富以助力解决人民日益增长的美好生活需要和不平衡不充分的发展之间的矛盾。因此在高职扩招契机下抓住机遇，开展产教融合和校企合作、工学结合等人才培养模式，是顺应时代发展和适应教育改革的必由之路。

（二）基于产教融合的人才培养模式研究现状分析

我国发布推进产教融合、校企合作的政策文件经历了从框架合作形式到深入实质性教学过程、从单一方面到全面推进、从单一主导到双元主导的过程，国家给予大力支持以促深化产教融合、校企合作，从 2013 年党的十八届三中全会首次提出产教融合，到《国家职业教育改革实施方案》、《中华人民共和国职业教育法》、党的二十大报告、《教育强国建设规划纲要（2024—2035 年）》等系列报告、政策文件中数次提及，产教融合、校企合作成为近年来促进职业教育高质量发展的重要举措，成为建设学习型社会、建设技能型社会和培养更多大国工匠的有力保障。国内职业教育产教融合人才培养模式近几年成为高职院校研究和实践的热点，如一些学者提出了产教三维融合人才培养模式，即在基于产教融合校企生三方主体需求驱动、利益共赢的前提下，实现目标融合、资源融合和组织融合；构建了"三双"共育（双元共育、双境共育、双能共育）人才培养模式，实施"2＋2＋1＋1"人才培养；构建了"内园外站"的协同育人平台；提出了三段推进、工学交替的人才培养模式。

国内职业教育产教融合在国家政策支持下比较典型的形式是现代学徒制、校企双元主体共建产业学院、校企合作培养冠名订单班、校企共建校内外实习实训基地等，合作的企业或行业协会多数是行业认可度高、具有良好规范和校企合作运营管理制度的企业。但在具体实施过程中依旧存在一些问题，比如在校企文化对接、师资流动、课程体系兼顾国家教学标准和企业定向课程设置、多元评价方式方法、企业导师在岗工作与为学生授课的有效衔接等方面仍需要校企进一步细化解决。校企在管理机制、课程设置、工学交替实习实训等方面要深入产教融合。学校人才培养质量与企业用人需求在职业核心技能上不匹配，相对于行业发展新阶段、新理念、新格局存在滞后性，职业教育如何提升适应性，深耕产教融合至关重要。高职扩招为高职教育带来了前所未有的发展契机，各类高职院校要积极响应政策号召，立足学校办学实践，汲取教育新理念，精准对接退役军人、下岗职工、农民工的学习需求，破解发展难题，肩负历史责任，服务社会转型发展。国务院办公厅发布的《关于深化产教融合的若干意见》为高职院校产教融合专业建设发展指明了方向。在高职扩招、生源多元化下如何进一步推进产教协同育人，需要在产教融合落地、师资建设、教学模式创新等方面进一步研究。校企利益融合、制度融合、文化融合、技术融合、资源融合、人员融合等为推进产教融合发挥促进作用。

（三）基于产教融合的人才培养模式途径

1. 加强课程思政建设"三全育人"新格局

以培育和践行社会主义核心价值观为核心，将价值塑造、知识传授和能力培养三者融为一体。教师在教学过程中要充分发挥课前、课中、课后教学进程中的思政浸润效果，坚定文化自信，传承中华优秀传统文化，增强民族自豪感，创新课程思政教学模式，培养学生为民服务、诚信服务、德法兼修的理想信念和职业素养，使课程思政育人达到润物细无声的效果。学校要加强专业课程与思想政治教育同向同行，积极开展实践教学，强化学生的职业素养和技术技能，将劳模精神、劳动精神、工匠精神、专业精神、职业精神、创新创业精神融入人才培养全过程，构建全员、全过程、全方位育人新格局。

2. 因材施教分类制定人才培养方案

以我校现代物流管理专业为例，坚持面向实践、强化能力、面向人人、因材施教的宗旨，依据国家教学标准，制定现代物流管理三年制人才培养方案和中高职贯通三二分段制人才培养方案；针对退役军人、下岗失业人员、农民工、在职职工等扩招生源的特点，分类制定人才培养方案，科学合理确定人才培养在职业面向、培养目标及规格、课程体系设计、毕业条件、实施保障等方面的各项要求，通过生源和学情分析，融入 1＋X 职业技能等级标准、智慧物流作业方案设计与实施大赛规程，确定人才培养目标，利用信息化教学手段，采取灵活的教学组织和策略，确保质量型扩招，致力于培养懂原理、能操作、会规划的新型物流职业人。

3. 立足"三教"改革，校企协同三段工学交替教学模式

深化推进校企利益融合、制度融合。校企构建命运共同体，校企双元主体实施人才培养，在"三教"改革的背景下，学校要以岗位要求为导向，深化推进 1＋X 证书试点和技能大赛，开展分层教学、模块化教学，打造教学实践一体化、校企双元协同化、线上线下融合化的教学新生态、新场景。以我校现代物流管理专业为例，把行业企业新技术、新工艺、新规范融入校企共同开发的活页式工作手册中，与华南区京东物流合作设立京苗班，采取三段推进的识岗、跟岗、顶岗的工学交替模式；在大一、大二期间，学校安排学生进入京东物流园区进行实践学习 1～2 个月，大三时安排 6 个月的顶岗实习，由企业配备导师使用企业培训教材完成课程实践学习；采用项目教学、案例教学、情境教学等行动导向教学法，通过校企协同三段工学交替教学模式培养无缝对接企业用人需求的适岗人才。

4. 教师教学创新团队建设

深化推进技术融合、人员融合。如我校构建了专兼结合的校企创新型教学团队，实施对接一位技能大师、制定一套人才培养方案、主持一个教科研项目、指导一名青年教师、开展一次社会服务的"五个一"工程，依

托华南区京东物流、深圳华商联集团等机构，校企共建师资培养平台，校企教师团队利用灵活多样的渠道开展技术交流，共同优化智能物流运作流程，解决企业生产过程的难点和痛点，共享成果、共赢发展；健全师资校企联合培养机制，联合建设技能大师工作室；落实学院专任教师省培、国培制度和五年一轮的企业顶岗挂职锻炼六个月制度，并定期开展教师团队考核，使校企教师团队成为能说会做的全能型、实战型、工匠型教师队伍。

5. 校内外数字化实训实习基地建设

深化推进资源融合、文化融合。随着物流业的智能化、信息化、数字化发展，学校可在教学过程中实时对接企业生产过程，创设"学中做、做中学、边学边做"的教学场景，不断完善校内一体化实训基地、生产性实训基地的建设；依托合作企业建设大学生校外实践基地，建立物流行业现代化物流运作场景，如无人仓、无人机、无人车等物流功能运作流程场景；可充分利用国际商贸流通服务中心、C2B创新创业实训基地等资源把企业真实项目搬进校园，培养学生创新创业能力。校企文化融合基于文化的三个层次，把企业制度、物质层面的文化融入"第一课堂"、"第二课堂"、实训基地，通过企业导师、企业劳模的言传身教培育精神层面的企业文化。

6. 构建分层分类、常态监测、评测结合的评价指标体系

围绕校企利益融合、制度融合、文化融合、技术融合、资源融合、人员融合六方面的人才培养质量指标，以德智体美劳的全面成长为目标，借助学习通教学平台和教学评分软件等评价工具，以及由行业、学校、企业、教师、学生作为共同评价主体，学校可构建分层分类、常态监测、评测结合的人才培养质量评价三级指标体系，定量与定性相结合进行人才培养质量评价以验证产教融合的有效性。

高职扩招是解决目前我国高素质高技能人才短缺问题的战略举措，高职院校作为人才的输出端要针对生源的多样化，结合职业教育的特点，研究物流行业发展趋势，了解企业人才需求多元化，积极改革人才培养模式，

实现质量型扩招。高职扩招背景下产教融合人才培养模式是深化校企合作、工学结合的延伸，是培养各类行业企业人才、对接产业数字化转型升级、缓解就业压力的有效途径，使学校教育教学质量提高，使学生"零距离"进入职场，为社会输送高技术技能人才，为我国经济转型、实施创新驱动发展战略、粤港澳大湾区建设提供高质量技术技能人才支撑。

第三章　产教融合视角下高职院校物流专业课程体系构建研究

一、引言

在全球经济数字化转型和供应链智能化升级背景下，物流行业正经历前所未有的变革。物联网、大数据、人工智能等新兴技术的广泛应用，推动了智慧物流的快速发展，也对物流人才的知识结构、技术技能和综合素质提出了更高要求。高职院校作为培养大国工匠、能工巧匠、高技能人才的重要阵地，其专业课程体系的科学性和适应性直接关系到人才培养质量。然而，当前高职院校物流专业课程体系普遍存在课程内容滞后、实践教学薄弱、与行业需求脱节等现实问题，难以满足智慧物流时代对复合型、创新型、应用型人才的需求。在此背景下，基于产教融合理念重构物流专业课程体系，成为高职教育改革的重点。

产教融合是职业教育高质量发展的核心路径，其本质是通过教育链与产业链的深度融合，实现人才培养与产业需求的精准对接。近年来，国家高度重视职业教育改革，先后出台推动职业教育高质量发展的政策，明确提出深化产教融合、校企合作，推动课程内容与职业标准对接、教学过程与生产过程衔接。物流行业作为国民经济的重要支撑，其技术更新快、实践性强，更需要通过产教融合构建动态化、模块化的课程体系，以适应行业发展的快速变化。

当前，学术界关于高职院校物流专业课程体系的研究多集中于课程设置优化或单一课程改革，而从产教融合视角系统探讨课程体系构建的研究相对不足。已有研究指出，高职院校物流专业课程体系普遍存在以下问题：一是课程内容与行业技术发展脱节，未能及时融入智慧物流新技术；二是实践课程比例不足，校企协同育人机制不完善；三是课程评价体系单一，缺乏对职业能力的动态考核。基于此，本章以产教融合为视角，结合智慧物流行业发展趋势与高职教育特点，探索物流专业课程体系的重构路径，旨在为高职院校培养适应行业需求的高素质高技能物流人才提供理论依据与实践参考。

二、"岗课赛证"融通课程体系构建

教育部等四部门印发的《关于在院校实施"学历证书＋若干职业技能等级证书"制度试点方案》中指出，将证书培训内容有机融入专业人才培养方案，优化课程设置和教学内容；中共中央办公厅、国务院办公厅印发的《关于推动现代职业教育高质量发展的意见》中指出，完善"岗课赛证"综合育人机制，按照生产实际和岗位需求设计开发课程，开发模块化、系统化的实训课程体系，提升学生实践能力。

随着我国产业结构的不断调整，物流产业作为国家十大振兴产业之一是国民经济中的一个新兴的产业部门，已成为我国国民经济新的增长点。物流产业已被业界看成"朝阳产业"，物流产业保持着较高增长，中国物流与采购联合会发布的数据显示，2024 年全国社会物流总额达 360.6 万亿元，同比增长 5.8％，物流专业人才已被列为我国 12 类紧缺人才之一；我国物流市场规模连续多年位居全球第一，物流相关法人单位超过 90 万家，物流从业人员超过 5500 万人，每年会新增 100 多万人的就业需求。而专业院校供应链与现代物流专业的毕业生，每年约有 17 万人，难以满足行业发展需求。一边是人才缺口大，一边是毕业生找工作难，究其原因主要是劳动能力与需求不匹配，教学过程中存在着重理论轻技能、重课堂轻实践的问题，无职业资格证书做硬件支撑，因此为了解决二者存在的矛盾，从岗位任职要求出发，构建工学结合的"岗课赛证"一体化的课程体系是需要尽快采取的措施。

（一）"岗课赛证"一体化内涵

"岗"指职业岗位（群），"课"指课程（体系），"赛"指职业技能大赛，"证"指职业证书，"岗课赛证"一体化是指建立以职业岗位（群）对接职业证书和职业技能大赛所需知识、技能和素质为导向，并使之与课程四位一体融合的整体，即将岗位知识技能、技能大赛考核能力要点和证书知识技能通过课程体系的构建充分融入课程教学中。

如图 3-1 所示，把"岗课赛证"一体化的课程体系构建看成圆形结构，共包括四个部分。

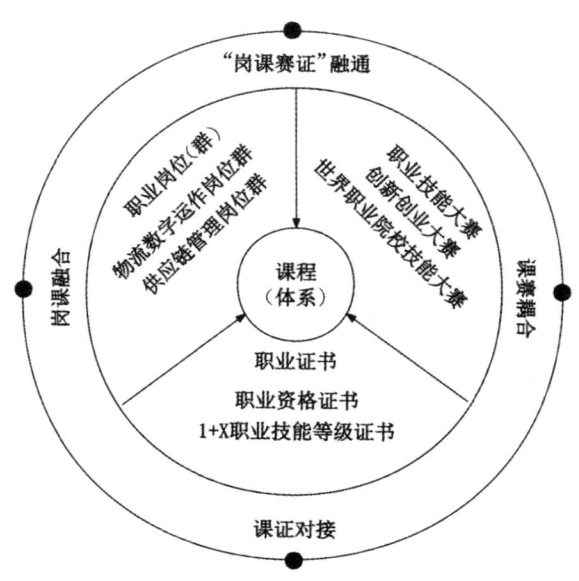

图 3-1　"岗课赛证"一体化结构

　　"岗"通常是指专业人才培养面向的职业岗位（群），涵盖了行业企业一线物流人才需求岗位。高职院校要通过分析岗位所需知识、素质、技能实现可持续发展，进行教育教学改革，遵循职业教育发展规律，实现教学与就业岗位的无缝对接，从而提高学生就业的核心竞争力，满足企业多样化技能型人才的需求。学校要时刻关注经济社会发展行业转型升级对岗位要求内涵的变化，进而创新人才培养模式，构建具有适应性、针对性、灵活性与全面性的课程体系。

　　"课"是专业人才培养课程（体系），是实现学校人才培养目标、执行人才培养方案的核心，大多数院校在这个层面上的建设是薄弱的。因此院校要根据职业岗位（群）任职要求，参照国家高等职业教育专业教学标准中所要求的职业道德、知识、素质、技能，形成公共课、专业技术平台课、专业技术核心课、专业能力拓展课、专业综合课与专业选修课六个模块的课程体系。上述各模块课程将随着岗位知识、技能的变化与职业标准的调整进行动态对应。

　　"赛"是与专业相关的技能大赛和创新创业大赛，此部分能够有效对接新技术、新模式、新工艺、新流程，检验人才培养质量，促进课程知识、技能和素养的动态调整，助力院校培养符合时代需求的复合型、创新型、应用型高技能人才。

　　"证"指职业资格证书和 1＋X 证书，如物流服务师、供应链管理师、报关员、货运代理师、物流管理职业技能等级证书等，是与学历证书相对接的保障，也是衡量学生操作技能掌握的指标之一，有利于强化学生综合职业能力的培养，使学生面向岗位时具有一定的竞争优势，通过考核获取职业证书是对技能的认证。

　　以上各部分相互对接、融合、耦合，即以区域产业发展对人才的需求为依据，以校企合作、工学结合贯穿始终，面向职业岗位（群），使专业与企业对接；面向职业证书，使职业证书与学历证书对接；面向课程（体系），使专业课程与职业标准对接；最终实现产教融合、工学结合"岗课赛证"一体化的课程体系构建。

（二）"岗课赛证"一体化课程体系构建

建立以校企合作为纽带、以就业为导向、以职业能力培养为中心、以工学结合为核心的课程体系是促进高职教育发展、提升服务经济社会发展能力、提高教学质量的总体指导思想。在此背景下基于工学结合的"岗课赛证"一体化高职物流管理专业课程体系构建在我校已取得了一定成效，下面以我校现代物流管理专业为例进行质性分析。

1. 课程体系构建思路

1）以工学结合的人才培养规格为切入点

教育部印发的《关于推进高等职业教育改革创新引领职业教育科学发展的若干意见》中指出，高等职业教育具有高等教育和职业教育双重属性，以培养生产、建设、服务、管理第一线的高端技能型专门人才为主要任务。我校现代物流管理专业紧跟广东现代物流企业发展趋势，掌握物流产业人才需求特色，面向全省各地物流企业、第三方专业化物流企业及工商企业，培养能从事一线物流运作管理工作，综合素质较高，一专多能，掌握现代国际贸易、运输与物流理论和技能，具有扎实英语能力、计算机应用能力、国际贸易和国际货代的物流经营技能（能力），拥有"三证书"的高端技能型人才。

我校人才培养目标以有教养、有本领为顶端设计，专业课程体系中的综合素质培养以公共必修课和公共选修课为主，以"第二课堂"为辅，实现了主辅结合、相互补充，重在培养学生多元化、全面化、个性化的素质，形成个人核心职业能力的保障，如图3-2所示。

在图3-2中，"有教养"包含五个方面，思想道德素养体现政治修养与道德修养，通过公共必修课、学生业余党校、学生诚信银行管理来培养；身心健康素养通过公共必修课、公共选修课、体育俱乐部来培养；自我提升素养通过公共选修课来培养；文化自信素养体现人文修养、审美能力、才艺技能和国际视野，通过华光论坛、公共选修课、公共必修课来培养；

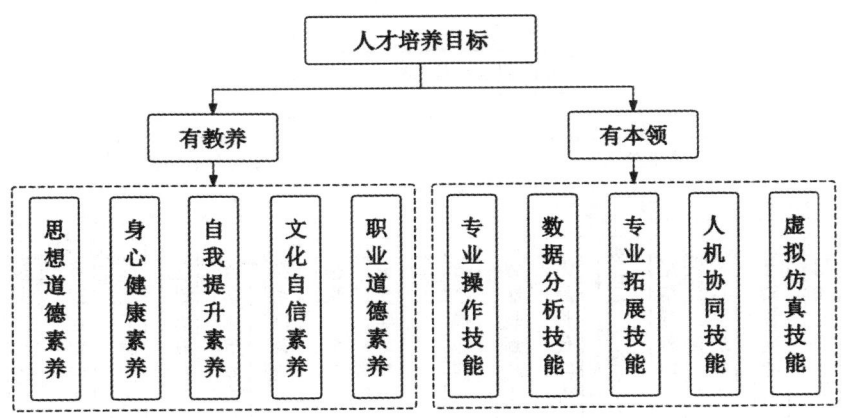

图 3-2 现代物流管理专业人才培养目标

职业道德素养体现职业素养、交际能力和实践经验，通过公共必修课、职业实践型社团、校内实习、勤工俭学来培养。"有本领"包含五个方面，培养方式以"第一课堂"为主，是对专业知识、能力、素质的补充与延伸。

另外，创新科学素养体现创新能力、信息素养和现代意识，通过公共必修课、信息化大学、民主参与方式、低碳环保项目来培养。

2）以就业和职业岗位（群）综合能力为导向

从某种意义上讲，职业教育是就业教育，是岗位教育。高等职业教育以就业为导向，其培养目标和培养规格具有鲜明的岗位针对性，以适应经济社会发展需要。高职院校要设法提高用人单位对人才的满意度，使学生与就业岗位"零距离"，使学校服务区域经济发展，形成三方利益共赢的良性循环。现代物流管理专业学生面向职业岗位（群）的综合能力包括专业能力与职业核心能力。专业能力涵盖职业特定能力和行业特定能力，每一职业的特定能力，体现了"专而精"，行业特定能力融合了职业特定能力，体现了"宽而通"，注重复合型人才的培养。职业核心能力是适合于所有职业的最基本的能力，它具有普适性，既包括了方法能力又包括了社会能力。方法能力包括了自我学习、信息处理、数字应用能力，社会能力包括了沟通协调、团队合作、解决问题、外语应用、创新创业能力。职业核心能力是随着职业的变换进行迁移延伸并深化巩固发展的，如图 3-3 所示。

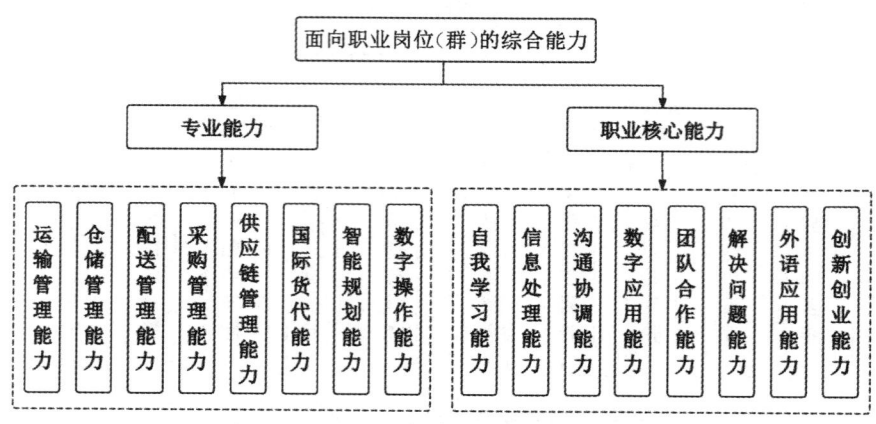

图 3-3　面向职业岗位群的综合能力

3）以学历证书与职业证书对接为主线

学历证书主要是指学习经历的证明，职业证书是具备某种职业所需要的专业知识与技能的证明。职业证书有效地提升了高职学生的职业核心能力、行业通用能力等，从而进一步提升了就业核心竞争力。专业技能既要有广度技能也要有深度技能，广度技能体现了专业综合职业能力，深度技能即在一个范围较为明确的具有一定专业性的技术或专业领域中不断积累而形成的专业知识、技能和经验。如在培养面向国际货运代理岗位的深度技能方面，学生可以纵向发展深度技能，考取国际货运代理师职业资格证书，还可以考取综合性的职业资格证书，如助理物流师职业资格证书等形成横向技能。因此职业证书是对学历证书的加强补充。

4）以课程建设与改革为核心

课程是教育的核心，是培养学生综合职业能力的基础，没有课程就没有了方向，因此在校企合作的背景下课程建设与改革是体现工学结合、实现人才培养目标的关键环节。在岗位所需的知识、技能与职业证书对接融合的背景下，构建"岗课赛证"一体化的课程体系是全面提升教学质量的关键，课程体系的重构即是教学内容、教学方法的改革。

2. "岗课赛证"一体化模式

在充分调查毕业生就业岗位以及走访广州市物流企业的基础上，根据人力资源和社会保障部、中国物流与采购联合会、中国国际货运代理协会、海关总署等机构组织的职业资格考试对于职业标准的要求，提出了以下"岗课赛证"一体化模式，如图 3-4 所示。

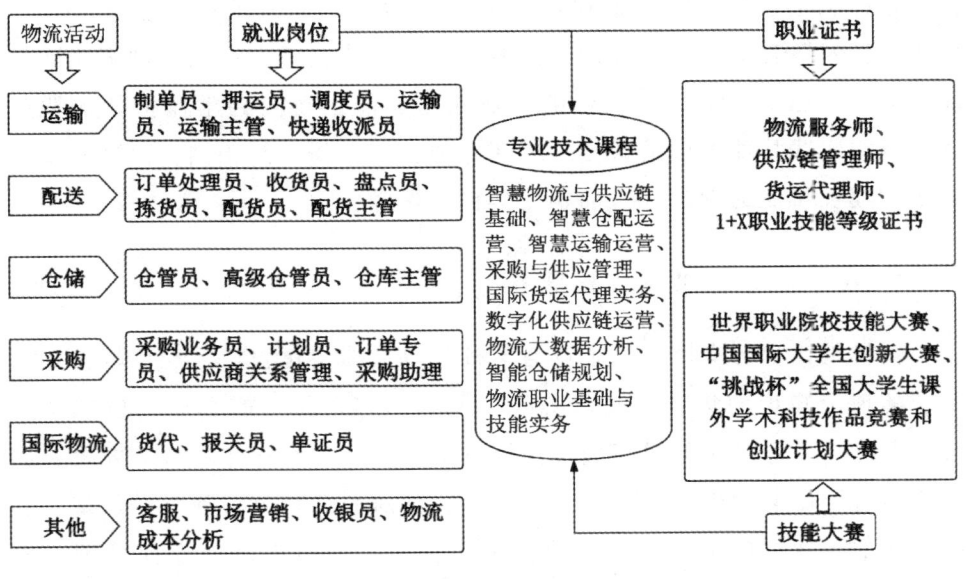

图 3-4　"岗课赛证"一体化模式

3. "岗课赛证"一体化的课程体系

课程体系构建是实现人才培养目标的前导，有了课程体系，就能相应地确定课程内容。在整个构建环节中倡导以工学结合为宗旨，以就业为导向，充分分析职业岗位（群），根据以上"岗课赛证"一体化模式，针对职业岗位（群）与职业证书对知识、技能、素质的要求，贯彻高职教育的理论够用原则和强化实践能力培养、增强职业能力的要求，把工学结合作为课程体系构建的切入点，连贯公共基础课、选修课，引导课程设置，落实教学内容，注重体现课程体系的实践性、开放性和职业性，同时将课程进行模块化改革，由原来几门课程合并成一门课程，构建课程体系。

（三）"岗课赛证"一体化课程体系实施保障

1. 双重身份、双重技能的师资队伍建设机制

随着广东省物流产业的不断升级，学校教师要不断接受学习新的工作流程及操作要领，采取校内与校外互换角色的师资培养方案，即一方面，校内教师利用业余时间定期根据企业技能型人才的需求进企业一线顶岗操作，针对各种岗位逐一顶岗，此时教师转变成企业专业人才加强实践技能；另一方面，聘请行业企业的专业人才和能工巧匠到学校担任兼职教师，承担实践技能课程的讲授，将课堂与真实工作场景相结合。这种师资队伍的建设机制为课程体系的构建提供了保障。

2. 双元制开发课程与教材

教材是课程的支撑，以企业与学校为双主体共建教材。现行教材多是传统的理论知识的集合，缺乏实践技能的内容，与目前企业岗位需求脱节，因此为了适应工学结合的"岗课赛证"一体化课程体系，需要校企共同编写符合高职学生教学目标的适应性、针对性、特色型教材。如现与我校合作的企业有广东苏宁云商销售有限公司、佛山市南储仓储管理有限公司、广州顺丰速运有限公司等多家企业，已编写的校企合作教材有《顺丰速运实操手册》《物流管理（苏宁班教材）》《ERP沙盘实训指导书》《物流公司岗位综合实训》等，为确保理实一体化教学实施提供可靠保障。

3. 校内外实训实习基地

工学结合的"岗课赛证"一体化课程体系的实施突出学生的实操能力，因此高职院校应该建设校内外实训实习基地以保障学生的实践操作。以我校为例，我校已经建立校企数字传输课堂项目和物流综合实训平台，该平台主要包括物流电子商务实训平台（与企业、政府共建的生产性实训平台）、物流快递业务实训平台（与企业共建的代理公司）、国际贸易实训平台、国际货代实训平台、智能仓储实训平台，一体化实训室与生产性

实训基地为实践课程提供了教学场所和教学工具保障。同时我校与合作企业单位签订协议安排学生顶岗实习，我校顶岗实习分为三个阶段，第一阶段即在第二学期开展为期一年的校内生产性实训，主要利用顺丰速运校内实训基地；第二阶段即安排物流相关专业大二学生第四学期到校企合作企业开展为期三个月的集中带薪顶岗实习；第三阶段即在大三第五学期后半学期与第六学期开展集中或分散的顶岗实习。

4. 多样化考核机制

课程的考试既要注重过程性考核也要注重结束性考核，既要注重个人考核也要注重团队考核。过程性考核要以技能考核为核心，知识素质考核贯穿于技能考核中，主要以个人课堂技能实操展示、团队任务型考核、案例分析、角色模拟为考核形式。结束性考核主要是项目方案设计、以证代考、上机考试、闭卷考试、开放性题目考试、课程技能大赛等多样化考核形式。同时要实现考核主体的多元化，在整个课程体系中所有课程模块的考核包括学生自我考核、团队互评、企业考核等。

高职教育是我国大力发展职业教育的转折点，提高高职教育教学质量要遵循职业教育的发展规律，适应高职学生的个性学习特点，满足经济社会发展的需要。高职教育承担着培养国家技能型人才的任务，构建"岗课赛证"一体化的课程体系是实现人才培养目标的必由之路，以岗位为点，以证书、竞赛为线，以专业课程为面构成点、线、面结合的立体化培养模式。满足社会对技能型人才的需求是每个高职院校可持续发展的有效途径。

三、现代学徒制视角下校企协同创新实践教学体系

随着"一带一路"倡议、"互联网＋"、"中国制造2025"等宏伟蓝图的提出，我国现代物流业发展将会实现又一历史性的突破。物流业在科技、信息、经济、文化等领域全面提升的同时面临着改革创新，物流产业的改革调整、转型升级也将会对专业人才提出多元化的要求，即需要能够

掌握物流行业市场分析与预测、国际货代、国际物流、物流企业与企业物流运作流程的"现代物流人",需要的是全而专、广而精的人才,能够熟练运用现代化信息技术,具备良好的职业技术能力和职业素养,提高工作效率。人才的培养离不开高等院校,尤其是对一线高技术技能型员工的培养更离不开高等职业教育。高等职业教育人才培养模式改革创新已在路上,而且越走越远、越走越宽。学校输出人才质量由企业来衡量,但人才质量的高低依靠学校的教学质量,课程建设与改革是提高教学质量的核心,也是教学改革的重点和难点,因此企业不能再置身事外,仅仅行使用人才、评人才的权利;校企合作也不能再是浅层次的,而是企业要切实参与到学校的教育教学中,即在原有的校企合作、工学结合的人才培养模式上更加充分行使主导权利。企校对接、校企一体化开展现代学徒制的人才培养模式改革,其中最为重要的就是影响教学质量核心的实践教学体系的构建。

(一) 实践教学体系构建背景分析

1. 实践教学体系构建符合构建现代职业教育体系的要求

教育部发布的《关于推进高等职业教育改革创新引领职业教育科学发展的若干意见》中指出,实践教学比重应达到总学分(学时)的一半以上;教育部发布的《关于深化职业教育教学改革全面提高人才培养质量的若干意见》中指出,公共基础课和专业课都要加强实践性教学,实践性教学课时原则上要占总课时数一半以上。现代学徒制视角下校企协同创新实践教学体系的构建是符合现代职业教育体系发展规律的,能全面贯彻提高高等职业教育教学质量的要求,使创新工学结合实践教学体系更深入、更有效,将更加符合高职学生的学习特点和规律,使学生不断提升职业成熟度,包含心理成熟度、知识成熟度、技能成熟度和素养成熟度的全面提升,保证与企业的无缝对接。

2. 实践教学体系构建适应物流专业人才多元化需求

据统计,2024 年全国社会物流总额为 360.6 万亿元,物流业总收入为 13.8 万亿元，物流岗位吸纳的从业人员总数超过 5500 万人，物流业的飞速发展使之成为所有实体行业中增长最快的行业之一。2024 年广东省快递业务量达 425 亿件，同比增长 19%。随着现代物流业、快递业的快速发展，职业教育服务区域经济发展是其社会责任，为企业输送合格人才任重道远。交通运输业、仓储业、邮政业、商务包装服务业等行业向现代化、数智化、多元化发展的同时，我国物流人才短缺也日渐明显，尤其以跨境电商物流、货代、第三方物流运作操作、信息化运输调度等岗位缺口较大。因此人才培养既要兼顾物流运作管理的各项职业能力又要纵深向某一职业能力发展，以满足行业企业对物流人才的多元化需求，现代学徒制视角下的校企协同创新实践教学体系正是对多元化人才需求的有力保障。

3. 高职现代物流管理专业实践教学体系现状

就目前来看，学术界有关现代学徒制视角下校企协同创新高职现代物流管理专业实践教学体系研究较少，多数只是针对高职物流管理实践教学体系相关内容进行了较为深入的剖析，如在中国知网搜索主题"物流""现代学徒制""实践教学体系"，搜索总库中的相关论文寥寥无几。通过分析比较发现以下主要问题，一是实践教学目标定位于校企双元、企业全过程参与，但实施过程仍以学校为主导；二是缺乏完整的实践教学体系，实践教学内容往往滞后于现代行业发展对物流人才技能的要求，不能动态调整，三年周期较长；三是"双师型"队伍管理无法满足实践技能开展，如校内教师实战能力薄弱，校外兼职教师往往以个人名义受聘，受教学时间、教学场所、企业管理制度、政策支持等因素影响，教学质量无法形成长效机制；四是实践教学基地的深度融合力度不够，往往只是接受学生的顶岗实习，那么前两年基础课程、核心课程的真实企业实习无法兑现。

基于以上主要问题，现代学徒制视角下创新高职现代物流管理专业实践教学体系是迫切需要高职院校扎实推进的重点，实践教学体系、实践教学基地、实践教学导师制、实践教学管理制度等是实践教学开展平台的有机整体。

（二）校企协同创新与实践教学体系内涵

1. "一三三四"实践教学体系指导思想

现代学徒制是社会发展、职业教育模式不断创新的历史产物，适应了职业教育模式现代化发展的需求，是以科学发展观为指导的创新人才培养模式。现代学徒制是学徒制与现代职业教育的有机结合，因此实践教学体系的创新要以现代学徒制思想为宗旨，即招生、就业等环节企业占主导，全过程参与决策与组织实施教学并监控培养质量。实践课程体系以一个目标中心、三个技能基本点、三个实践递进层次、四个实践抓手为核心思想，如图 3-5 所示。

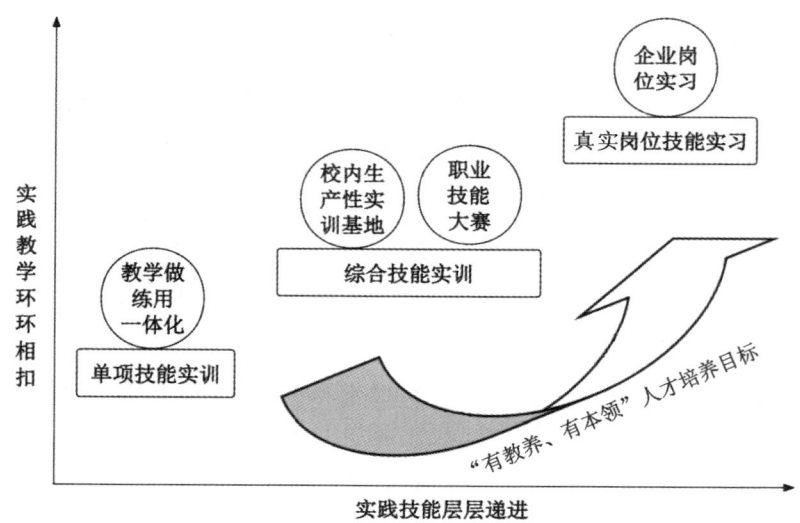

图 3-5　"一三三四"实践教学体系

一个目标中心即以有本领、有教养为目标。三个技能基本点即以突出职业能力、创新能力、创业能力为基本点。三个实践递进层次即单项技能实训（教学做练用一体化）、综合技能实训（校内生产性实训基地、职业技能大赛）、真实岗位技能实习（企业岗位实习）。四个实践抓手即根据现代物流管理专业特点，以实训项目为抓手，构建动态实践教学体系；以校内生产性实训基地为抓手，打造全真实践场所、职场氛围和企业文化；

以顶岗实习为抓手，形成实战体系；以职业技能大赛为抓手，培养具备综合核心职业能力的"现代职业人"。实践教学体系强调的是在工作岗位上要强化学生的"三动三能"，"三动"即动脑思考、动嘴分析、动手操作，"三能"即职业能力、创新能力、创业能力。在此过程中校企是实践教学体系构建的双主体，校企协同创新实践教学体系使学生的"三动三能"水到渠成。

2. 实践教学体系校企对接思路

在现代学徒制视角下校企之间要实现无缝对接，专业与行业（企业）岗位对接，课程内容与职业标准对接，教学过程与生产过程对接，学历证书与职业证书对接，职业教育与终身学习对接。专业设置要紧跟企业岗位需求、经济发展、产业调整升级、国家五年规划；教学内容等要结合职业标准，如物流服务师国家职业标准中针对在校生的职业等级为三级，参照物流服务师（三级）的职业功能、工作内容、技能要求和相关知识四个方面构建相应的课程体系；教学过程直接以企业的业务流程为蓝本组织实施教学；"双证书"体现知识与技能的统一；职业教育要发挥延伸效应使人才终身受益，服务学习型社会建设，能够让学生以职业教育为基础在以后的职业生涯中升级职业能力，拓宽职业渠道。校企协同对接思路如图 3-6 所示。

3. 校企协同创新的实践教学体系框架

作为现代服务业的高职物流人才要具备扎实的理论知识、熟练的职业技能和良好的职业素养，这三方面的养成要以实践为出发点和落脚点。相互融合、融会贯通的课程内容的设计、组织、实施、控制为管理核心要素，高职院校要充分利用实践教学平台制定实践教学体系框架。实践教学体系框架的设计以培养高技术技能型人才为目标，校企协同创新贯穿人才培养过程中。实践教学体系框架包含实践教学目标体系、实践教学内容体系、实践教学组织实施保障体系、实践教学质量评价体系。

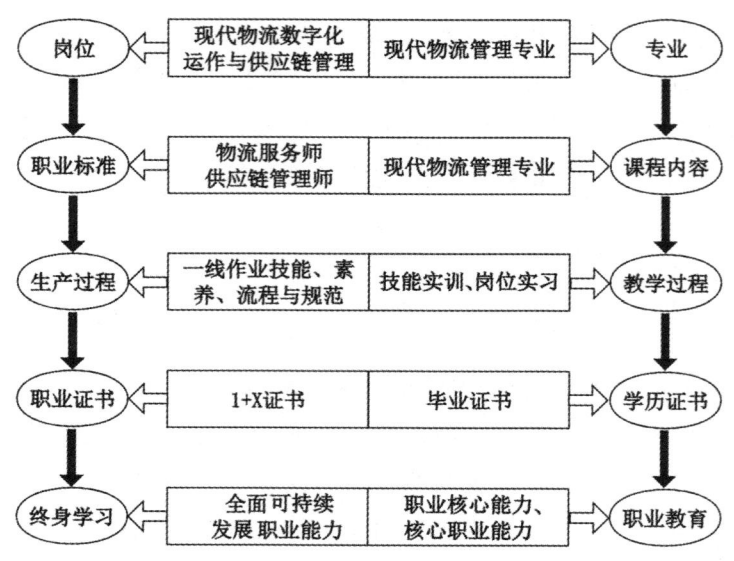

图 3-6　校企协同对接思路

实践教学目标体系包含专业知识目标、专业技能目标、职业素养目标、社会方法目标和管理能力目标。专业知识目标即物流职能的概念、原理、方法等基础知识目标；专业技能目标即物流运作流程实施的相关目标；职业素养目标即在学习中、在实践岗位上潜移默化形成的职业道德目标；社会方法目标即适合各行业的英语、计算机、自我学习等核心职业方法的应用目标；管理能力目标即作为广义管理者要懂得对资源的有效利用和提高效率、创新管理。

实践教学内容体系包含课程体系和基于工作过程的教学内容设计，其中要遵循岗课对接、课证融合、课赛融通原则，课程体系的设计既要体现物流业岗位的共性职能要求，又要体现现代学徒制企业岗位的个性要求。实践教学内容的设计由汇集行业企业专家、现场工程师、学校教师共同组建的专业教学指导委员会共同商榷制定。

实践教学组织实施保障体系包含实践教学场地、实践教学管理、实践教学双导师设置和信息化技术手段应用于实践教学。如我校的仓储配送实训室、报关货代实训室、ERP实训室、运输管理实训室、国际贸易实训室以及生产性实训基地。学校、企业的教学管理制度的制定、现代学徒制导师的聘任将有效保障教学实践的开展。

实践教学质量评价体系包含两个方面，一是对学生的考核，以过程性考核和结束性考核为主，采用企业导师和学校导师的双重考核形式，根据课程性质设计权重，考核方法以因子评价法设计指标定量评价个人或团队完成大项目任务的书面设计方案和现场操作，或对每个小项目的考核进行汇总。二是对双导师的考核，企业导师要接受所在企业、学校和学生的三方考核主体的考核评价。

(三) 校企协同创新实践教学体系实施平台

1. 课程体系平台——重构实践教学体系

现代学徒制视角下校企协同创新实践教学课程体系如表 3-1 所示。

表 3-1　现代学徒制视角下校企协同创新实践教学课程体系

工学交替	课程体系		时间		教学地点	任课教师
	课程性质	主要课程名称	学期	周数		
学习	专业基础课	现代物流管理、国际贸易实务	第一学期	16周	教学做一体化实训室	校内导师
工作	专业基础课	企业文化培训、物流岗位认知		4周	现代学徒制合作企业	企业导师
		物流岗位综合实训		18周	校内生产性实训基地	校内/企业导师
学习	专业平台课程	国际货代实务、仓储与配送管理	第二学期	18周	校内一体化教室	校内导师
工作		职业岗位培训		4周	校内实训基地	企业导师
		顺丰速运实操		18周	顺丰校内生产性实训基地	校内/企业导师

续表

工学交替	课程体系		时间		教学地点	任课教师
	课程性质	主要课程名称	学期	周数		
学习	专业技术课程	运输管理实务、报关实务、外贸单证、采购与供应链管理	第三学期	18周	校内一体化教室	校内导师
工作		国际物流综合实训		4周	校内实训基地	校内导师
学习	专业技术支撑课程	物流成本管理实务、物流职业基础与技能实务、物流大数据分析、国际市场营销、智能仓储规划	第四学期	16周	校内一体化教室	校内导师
工作		物流公司岗位实训		8周	现代学徒制合作企业	企业导师
工作	企业顶岗实习，独立完成岗位任务		第五、六学期	36周	现代学徒制合作企业	企业导师

2. 实验、实训、实习平台——实践教学基地

现代学徒制是以学校与企业签订现代学徒制校企合作培养协议、学生与企业签订劳动合同、学生与学校签订顶岗实习协议为原则，学生、企业、学校各方有着约束性的权利和义务，企业的流水线、车间、各部门相关岗位将是开展实践教学的真实场所。实验、实训、实习平台代表了技能培养层次的递进，时间、地点也因技能的培养发生变化。高职院校还可以利用信息化技术手段，如利用微信平台推出技能操作微视频，制作在线微课，使学生利用课余时间随时随地浏览视频，同时充分利用院校虚拟仿真工作室设计的物流仿真场景进行课堂教学。

3. 教学资源平台——实践教学内容

校内教学资源包含实践课程的实训指导书、课程标准、实践项目、实践视频、实操测试、企业岗位综合实训等，如我校的"空中课堂"囊括了以上教学资源，供应链管理实训、运输管理实训、国际货代实训教学以企业软件为平台，学生可模拟操作。企业教学资源包括岗位说明书和岗位操作规范等，企业导师在实践教学内容中以企业岗位要求、工作流程为导向，按照企业岗位操作指引有针对性地开展实践教学，同时企业文化和岗前培训在岗位实习中得以充分体现。

4. 师资队伍平台——实践教学导师制

现代学徒制视角下的双导师制是对现代学徒制班开展实践教学、提高教学质量的有力保障，是校企密切合作的纽带，是对"双师型"教师队伍建设的深化与延伸。它更具有目标明确、行为规范、组织合理的优点，如任职资格中要求校内导师具备双职业能力，即专业知识执教能力和企业实战能力，企业导师要具有高校专业背景和技术技能；选聘程序上按照任职资格以公开选拔、择优录用为原则，学校和企业人员经过执教试讲和技能评比合格后才能被选聘为导师。双导师队伍的建立采取定量的选拔机制，以 KPI 的方法进行绩效衡量。双导师队伍灵活进入学校、企业共同开展科学研究，双向交叉沟通交流促进科学技术成果的研究与转化实施，共同承担社会责任，为社会服务。

5. 组织教学平台——实践教学管理制度

现代学徒制的实践教学过程要保障时间、场地、质量。在学校保证理论实践课程一体化传授，学校制定实践教学管理规章制度，根据人才培养计划在不同学期充分利用学校校内的一体化实训室、校内生产性实训基地，如我校的顺丰校内生产性实训基地，学生按照专业要求进行轮流顶岗，保证知识的牢固前沿性、简单技能的完整无误性和综合技能的实战流畅性。在企业的实践是对校内实践的深化与丰富，企业方以矩阵制组织结构的思想成立现代学徒制管理部门，包含企业的师资管理，要避免企业导师个人本职工作与指导学生工作在时间、薪酬、考核、自我实现等方面的矛盾。对现代学徒制导师要灵活制定工作任务、薪酬制度以及培训，以保证实践教学的顺利开展并取得实质性成绩。

6. 角色平台——多种身份切换自如

在现代学徒制人才培养模式下，学生将经历学生—准学徒—学徒—员工四种角色转变，学生与企业导师之间不再是一面之缘或屈指可数的数面之缘，学生在整个学业生涯中同时在规划个人的职业生涯，学生在工学交替中实时控制，及时发现自己在知识技能上的不足并充电。经过三年的现代学徒制培养，学生已经度过了职业生涯的初期，面临职业生涯的上升期。企业专业人员将经历员工—兼职教师—企业导师（师傅）的身份转变，充分体现企业导师在现代学徒制中所承担的职责更加重要和明确。校内教师担任专任教师、校内导师、企业员工多重角色，一方面校内教师通过掌握企业先进的技术信息以指导课堂教学，弥补教材信息的滞后性；另一方面发挥个人研究型思维能力与企业导师共同创新行业生产技术方法，满足个人的自我实现需求。

现代学徒制视角下探索校企协同的现代物流管理专业实践教学体系是顺应我国现代职业教育体系发展的必然结果，是大力发展现代职业教育的客观要求。实践教学体系的构建是提高教学质量的关键，对于企业主导的实践教学需要国家层面出台针对企业开展现代学徒制教学活动的优惠政策，使企业有信心主导实践教学的开展，在实施过程中全力以赴组织顶岗实践教学，对于实施过程中存在的各种问题进行合理的规避与防范。

四、产教融合协同创新高职教育立体化实践教学体系研究

习近平总书记在党的十九大报告中指出，要完善职业教育和培训体系，深化产教融合、校企合作。这既是加速推进构建我国现代职业教育体系发

展战略的高度概括，也是对职业教育深入学习贯彻习近平新时代中国特色社会主义思想改革发展取得实质性成果的总体要求。国务院办公厅发布的《关于深化产教融合的若干意见》从顶层设计、宏观统筹、微观落地三方面对深化产教融合做了详细阐述。深化产教融合、校企合作的宏观统筹体现在人才培养质量的新要求上，人才培养方案的深化对接产教融合新部署，而产教融合、校企合作的微观落地则体现在职业教育人才培养方案的实施质量上，核心在于实践教学体系的建立和实施。因此让产教融合走深走实的首要任务是构建立体化、全方位、递进式的实践教学体系，建立以校企双元主体、政府与行业协会指导的多元育人格局是全面深化职业教育改革、深化产教融合的重点。

目前职业教育实践教学仍然以工学结合为主，实践教学项目、任务、方式存在滞后性、固定性，无法实现教学过程与生产过程的实时对接，学生的职业技能和迁移能力与行业企业用人要求存在断层，大多数高职院校实践教学体系涉及的实践教学目标体系、实践教学内容体系、实践教学组织实施保障体系、实践教学质量评价体系依然是不完善的，在实践教学中与专业教学标准脱节。校企合作的"两张皮"现象依然存在，深化产教融合是当前职业教育改革的重要任务。尤其是我国自 2018 年 12 月提出的新型基础设施建设（包括 5G、人工智能、工业互联网、物联网等）到 2020 年4 月确定的新基建七大领域，再到 2025 年《政府工作报告》中提到的低空经济、具身智能、6G 等，将加速推进产业链的高端发展和供应链的重构。因此高职院校的专业设置、实践教学体系的构建要以国家改革发展战略为导向，紧跟新时代背景下产业链的重塑、供应链的重构对行业新人才的需求。本部分重点研究适应我国经济高质量发展的现代产业体系对行业人才能力的新要求以及产教融合校企协同创新立体化实践教学体系，打通人才就业"最后一公里"。

（一）产教融合协同创新高职教育立体化实践教学体系意义

1. 是教育改革创新与经济高质量发展的客观要求

产教融合协同创新是全面深化职业教育改革、服务经济社会发展、提高高等职业教育培养人才质量的必由之路。高等职业教育作为与普通高等教育同等地位的一个教育类型，肩负着培养人工智能、大数据、智慧互联网等科技不断创新的新时代下的高技术技能型人才的责任与使命担当。人才培养质量取决于教学体系的构建，关键是实践教学体系的构建，因此高职院校要与时俱进深入推进产教融合、校企合作，构建立体化实践教学体系。

2. 是服务区域经济发展和产业转型升级的必然要求

目前我国经济处于高质量发展阶段，区域经济发展质量关乎我国整体经济高质量运行，习近平总书记曾指出"发展是第一要务，人才是第一资源，创新是第一动力"，经济发展与产业转型升级最重要的资源是人力资源，广东作为改革开放的先行者，需要人才智力支撑，需要数以万计的高技术技能型人才，高等职业教育培养职业人才需密切主动掌握经济发展方向，动态调整专业设置、课程体系构建，在人才培养模式上深化产教融合协同创新。

3. 是培育工匠精神和职业精神的内在要求

职业教育是培育工匠精神和塑造职业精神，使学生成为少年工匠的重要渠道，通过系统文化知识素质培养和职业行为技能的锤炼，学生的内在精神层面与外在行为层面融合统一。其中职业行为技能主要是职业技能实践，职业行为通过产（行）业、企业行为与学校教学实时对接。高职院校通过产教融合校企协同创新实践教学体系培育学生在职业技能、职业操作、职业提升等方面的专业精神、职业精神和工匠精神。

4. 是构建校企命运共同体的本质要求

企业的核心竞争力之一是创新，创新需要技术技能的提升。技术技能的提升是职业教育的发光点，是高职院校的生命线，是衡量人才培养质量的标准，人才质量要满足企业的可持续发展的需求。因此在国家创新驱动发展战略下要充分利用产教融合协同创新构建校企命运共同体。校企命运共同体要遵循"四共"原则：共同发展、共建基地、共同育人、共享成果。

（二）构建产教融合协同创新高职教育立体化实践教学体系

1. 产教融合协同创新高职教育立体化实践教学体系研究思路

产教融合，从宏观层面上看是产业与教育的有机深度融合，从微观层面上看是企业与学校在专业设置、人才培养、科学研究等方面形成的全面纵深合作，学校教育教学活动要紧跟产业企业发展战略开展实施。专业实践教学体系是指专业组织开展实践教学所需的硬件和软件要素的集合体，专业立体化实践教学体系以学生为中心，以"做中学、做中教"为实践教学核心思想，学校在全员、全过程、全方位的育人理念指导下，建立以校企为双主体、企业参与教学过程、企业参与评价的培养模式。学校在实践教学过程中要遵循"一顶点、一主线、三维度、三层次"的思路，"一顶点"指培养高技术技能型人才，"一主线"指产教融合校企协同创新贯穿人才培养过程中，"三维度"指实践教学内容、实践教学方式、实践教学职业技能，"三层次"指专业技术技能掌握从单项职业技能到综合职业技能再到岗位职业技能的消化、吸收与创新。

2. 产教融合协同创新高职教育立体化实践教学体系框架

依据教育部发布的《关于职业院校专业人才培养方案制订与实施工作的指导意见》，课程设置分为公共基础课程和专业（技能）课程。如我校现代物流管理、国际经济与贸易、商务英语三个专业以互助互通为目标，以服务"一带一路"倡议、粤港澳大湾区发展战略为理念，组建了商务英语专业群，遵循底层共享、中层分立、高层互选的原则进行各专业课程体系的构建。本专业群设置的必修课含公共基础平台课程、专业群基础平台课程、专业技术核心课程和综合实践课程，选修课含专业能力拓展课程和基本素质拓展课程；课程体系的实践教学学时占50％以上，各课程的实践教学包含了实践教学内容、实践教学方式和实践教学职业能力。其立体化实践教学体系三维结构如图 3-7 所示。图 3-7 中分割的正方体代表了每门课程，课程的三维指标以产教融合、校企合作为核心，坚持全员、全过程、全方位的"三全育人"理念，将思想政治教育和劳动教育贯穿其中。

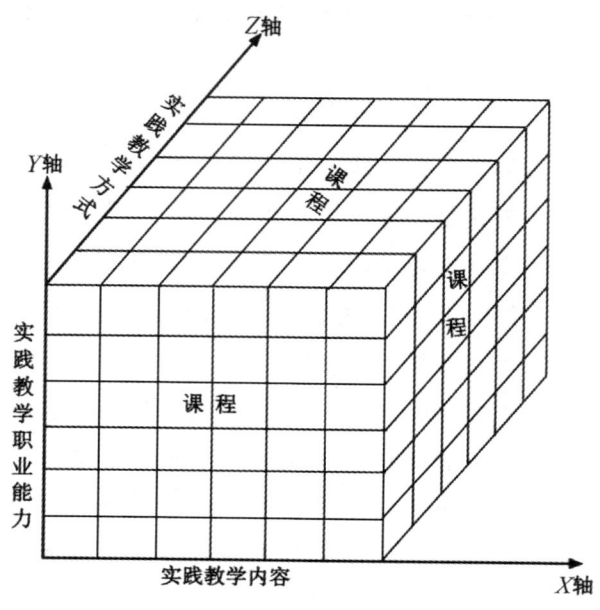

图 3-7 立体化实践教学体系三维结构

1）实践教学内容

实践教学内容要对标 1+X 证书制度的物流管理职业技能等级证书与全国职业技能大赛，主要包括纯实践课程内容或"理论＋实践"课程的实践模块，具体内容为一体化教学、仿真实训教学、实践教学、跟岗实践、毕业设计、顶岗实习等各环节的实践教学活动。一体化教学、仿真实训教学主要是教授学生利用软件进行仿真实训，是理实一体化的基础，学生通过教学做一体化掌握课程的单项职业技能；实践教学是在一体化教学与仿真实训教学的基础上重点培养学生的综合职业技能，包含对接 1+X 证书制度的物流管理职业技能等级证书（中级）实践教学、全国职业技能大赛特定实践教学，物流管理职业技能等级证书（中级）实践教学是教授学生利用信息化软件与硬件进行智慧物流仓储与配送等操作，全国职业技能大赛特定实践教学是依据全国职业技能大赛的现代物流作业方案设计与实施和报关技能的要求进行的专项实践教学；跟岗实践是现代学徒制人才培养模式的创新实践教学，旨在通过师傅带学徒模式在企业进行实践教学；毕业设计是学生结合专业知识、技能理论联系实践对工作岗位的分析、改进与创新；顶岗实习是学生以准员工身份开展独立岗位操作实践，旨在培养学生岗位职业技能。

2）实践教学方式

实践教学方式依据课程实践教学内容特性，涵盖大数据、大物流、智慧物流的信息化手段，学生主体可具体操作，主要包含了模拟、仿真、实训、跟岗实习、顶岗实习。模拟主要是角色模拟和物流设施模拟，比如在课程"物流市场营销"中学生通过角色模拟实践物流市场客户的开发与维护，在课程"国际货代综合实训"中学生进行港口起重机模拟器的训练等；仿真主要是借助于 VR 实训室进行实践；实训包含了校内实训室和生产性实训基地的实践活动，校内实训室一般有智能仓储配送实训室、ERP 实训室、物流沙盘实训室、国际货代报关实训室、行业英语情境体验实训室等，生产性实训基地一般有快递服务站、O2O 双创基地、国际商贸流通服务中心等；跟岗实习和顶岗实习主要在校企合作企业完成，如我校目前深度合作的企业有京东物流、广东京邦达供应链科技有限公司、广州顺丰速运有限公司、联邦快递有限公司（中国）广州分公司等知名企业。

3）实践教学职业能力

实践教学职业能力包含职业核心能力和通用能力。职业核心能力的培养基于工作流程的递进式能力体系，从局部物流市场客户分析与管理能力到整体供应链管理思维与操作能力的培养，充分利用各种信息化、现代化、智能化实践方式和实践场所。通用能力的培养是立体化、全方位的，体现在所有实践教学内容和活动中，重在培养学生职业素养和职业精神。实践教学职业能力具体如表 3-2 所示。

表 3-2 实践教学职业能力

专业核心岗位群	核心课程	实践教学内容	实践方式	实践职业核心能力	实践通用能力	实践场所
客户开发与维护	物流市场营销	一体化教学	模拟、跟岗实习、顶岗实习	物流市场分析能力、客户关系管理能力	沟通能力	国际商贸流通服务中心

续表

专业核心岗位群	核心课程	实践教学内容	实践方式	实践职业核心能力	实践通用能力	实践场所
采购	采购与供应管理	一体化教学	实训、跟岗实习、顶岗实习	采购操作能力、供应商管理能力	组织能力	ERP 实训室、实习企业、生产性实训基地
仓储与配送	智慧仓配运营	物流管理职业技能等级证书（中级）实践教学、全国职业技能大赛特定实践教学	实训、仿真、跟岗实习、顶岗实习	仓储作业操作能力、配送作业操作能力、仓储管理能力、配送管理能力	团队合作能力	智能仓储配送实训室、实习企业
运输	智慧运输运营	物流管理职业技能等级证书（中级）实践教学、全国职业技能大赛特定实践教学	实训、仿真、跟岗实习、顶岗实习	运输作业调度能力、运输管理能力	职业适应能力	物流沙盘实训室、实习企业
关务	报关实务	仿真实训教学、全国职业技能大赛特定实践教学	仿真、实训、顶岗实习	报关业务操作能力、报关业务管理能力	终身学习能力	O2O 双创基地、国际货代报关实训室、实习企业
国际货运代理	国际货代综合实训	仿真实训教学	模拟、仿真、顶岗实习	进出口货代操作能力、进出口货代管理能力	创新创业能力	国际商贸流通服务中心、实习企业
供应链管理	数字化供应链运营	仿真实训教学	实训、顶岗实习	信息化运作能力、产业链分析能力、供应链管理能力	持续发展能力	ERP 实训室、物流沙盘实训室、实习企业

(三) 实践教学体系管理机制

实践教学体系管理机制，由实践教学主体、对象、内容、方式、场所构成有机整体以实现实践教学目标。管理机制由若干子机制构成，一般主要包含运行机制、动力机制和约束机制。

运行机制主要指实践活动方式、实践体系功能及其运行原理。运行机制包含师资、校内外实训场所和实训设备、实践教学内容的组织与实施、实训耗材的配备、实践考核评价手段等要素，以实现培养学生职业能力为目标。运行原理是实践主体教师进行实践内容讲解、引导和指示，学生由完成单个项目到完成综合项目，教师进行同步管理控制的过程。教师要根据课程特点、学生特性采取行之有效的教学方式方法。作为实践教学主体，教师需形成实践型、创新型和工匠型教师队伍，教师队伍以立德树人为初心，以培养社会主义建设者和接班人为使命。实践教学内容要紧跟产业发展，对接企业工作内容，设计实践项目以保证实现教学目标。

动力机制推动实践教学体系的有效实施、高效运行，其主要包括利益驱动、任务驱动和社会心理推动。利益驱动即实践教学目标体系通过目标管理逐级分解知识目标、能力目标和素质目标，高质量完成了这些目标和掌握了实践教学职业能力、通用能力的学生参与职业技能大赛和创新创业大赛的选拔，获奖会有物质激励和精神激励。任务驱动主要是利用任务进行教学，任务由若干子任务构成，子任务间是前后连贯一致、环环递进的，挑战性任务激发学生实践学习的动力。社会心理推动主要是教师通过教育和激励，调动学生积极性，让学生自觉自愿努力实现实践目标。教师要把握学生的个性化需求，分层分类制定实践教学目标、内容，有针对性地采取因材施教、分类实践的教学模式。动力机制三种方式灵活使用，社会心理推动为主，利益驱动、任务驱动为辅，以正强化管理为要旨实现实践教学体系高效运行。

约束机制是对学生实践行为进行限定和修正的功能，主要包括利益约束、任务责任约束和社会心理约束。利益约束以课程学习总分为基数进行奖罚分明的加分扣分机制，课程得分与大赛选拔、诚信银行的管理模块联动，全方位、全过程考查学生的评优评先指标。任务责任约束采取实践教学质量评价体系，该体系以过程性考核为主，以结束性考核为辅。过程性考核主要是同步考核，采用职业核心能力、通用能力、职业素养三维立体化考核体系指标，实行科学的目标责任制，明确目标与责任，实行"硬约束"，激发学生创新行为。社会心理约束采取教育、激励、树立正确的职业道德观和价值观等方式，对学生进行实践行为的约束，实行"软约束"。约束机制要正确使用，以过程型激励理论的期望理论为实施依据，重在培养学生实践认知能够内化于心、外化于行，以保证实践教学体系高质量运行。

产教融合是促进职业教育供给侧结构性改革、实现国家人才发展战略的有力制度支撑，为培养新时代大国工匠指明方向。实践教学体系的构建与实施是职业教育对接产业企业、产教融合落地的有效保障。因此产教融合协同创新高职教育立体化实践教学体系是深化国家职业教育改革实施方案的有效途径，是培养新时代高质量人才的关键。

第四章　产教融合视角下高职院校
教师队伍建设研究

一、引言

在全球经济数字化转型和产业技术快速迭代的背景下，职业教育作为培养高素质高技能人才的重要途径，其战略地位日益凸显。高职院校作为职业教育的"主阵地"，肩负着为区域经济和产业发展提供人才支撑的重要使命。近年来，国家高度重视职业教育教师队伍的建设，发布了《深化新时代职业教育"双师型"教师队伍建设改革实施方案》《全国职业院校教师教学创新团队建设方案》《关于进一步加强全国职业院校教师教学创新团队建设的通知》等政策文件，明确提出加强"双师型"教师队伍建设，推动校企合作、产教融合向纵深发展。作为产教融合的重要支撑，"双师型"教师队伍的建设不仅关系到高职院校教学质量的提升，更是实现职业教育与产业需求同频共振的重要保障。

然而，当前高职院校在人才培养过程中面临的一个突出问题是教师队伍的结构性矛盾：一方面，传统教师普遍缺乏行业实践经验，难以满足技术技能型人才培养的需求；另一方面，企业技术骨干虽然实践经验丰富，但在教育教学能力上存在不足。这一矛盾严重制约了高职院校人才培养质量的提升。在此背景下，建设一支兼具理论教学能力和实践操作技能的"双师型"教师队伍，是助力强国建设的有力保障。

当前高职院校"双师型"教师队伍建设仍面临诸多挑战。首先，教师来源单一，多数教师缺乏企业实践经验，难以将行业最新技术融入教学；其次，校企合作机制不完善，企业参与"双师型"教师培养的动力不足；最后，教师评价体系不健全，未能充分体现"双师型"教师的职业特点。这些问题严重制约了"双师型"教师队伍的建设与发展。基于此，本研究以产教融合为视角，结合高职院校"双师型"教师队伍建设的现状与问题，探索其优化路径与实施策略，旨在为高职院校打造高素质"双师型"教师队伍提供理论依据与实践参考。

二、高职院校"双师型"教师职教能力提升培养研究

我国从 1985 年中共中央发布《关于教育体制改革的决定》到 1996 年全国人大常委会通过《中华人民共和国职业教育法》到 2005 年国务院发布《关于大力发展职业教育的决定》到 2006 年教育部发布《关于全面提高高等职业教育教学质量的若干意见》到 2011 年教育部发布《关于推进高等职业教育改革创新引领职业教育科学发展的若干意见》到 2019 年国务院印发《国家职业教育改革实施方案》到 2021 年中共中央办公厅、国务院办公厅印发《关于推动现代职业教育高质量发展的意见》到 2022 年中共中央办公厅、国务院办公厅印发《关于深化现代职业教育体系建设改革的意见》，体现了我国高等职业教育类型的诞生、高等职业教育地位的确立、高等职业教育的全面快速发展。教育部统计数据显示，我国 2023 年共有 1547 所高职（专科）院校。高等职业教育已由规模式发展进入了内涵式发展阶段，内涵式发展主要集中在提高教育教学质量上，而在提高教育教学质量的影响因

素中，教师是第一关键因素，加强"双师型"教师队伍建设的开放性与职业性是内在要求和行动指向。

2011年，教育部、财政部发布的《关于实施职业院校教师素质提高计划的意见》中明确提出，以建设高素质专业化"双师型"教师队伍为目标，以提升教师专业素质、优化教师队伍结构、完善教师培养培训体系为主要内容，以深化校企合作、提高培训质量为着力点，大幅度提高职业院校教师队伍建设的水平，为职业教育科学发展提供强有力的人才保障。2011年，教育部发布的《关于进一步完善职业教育教师培养培训制度的意见》中明确指出，加强教师培养培训，是推进职业教育教师队伍建设的重要内容，是提高教师队伍整体素质的主要途径。2018年，中共中央、国务院发布的《关于全面深化新时代教师队伍建设改革的意见》中指出，建立高等学校、行业企业联合培养"双师型"教师的机制，切实推进职业院校教师定期到企业实践，不断提升实践教学能力。2019年，教育部等四部门印发的《深化新时代职业教育"双师型"教师队伍建设改革实施方案》中指出，突出"双师型"教师个体成长和"双师型"教学团队建设相结合，提高教师教育教学能力和专业实践能力。2022年，教育部办公厅发布的《关于开展职业教育教师队伍能力提升行动的通知》中指出，支持地方整合综合（理工科）院校、师范类院校和行业企业优势资源，多主体协同参与职业院校教师培养模式。

以上政策充分表明提升职业院校教师队伍建设上升到了职业教育发展战略层面。教师队伍建设的核心是职教能力，提升教师的职教能力是全面提高高等职业教育教学质量的主导，是培养服务适应现代经济发展方式转变、主动适应区域经济社会发展需要的高端技能型人才的主力军，因此提升高职院校教师的职教能力是职业教育科学健康发展的重要环节，是贯彻国家大力发展职业教育的实施保障。

（一）双职业能力视角下的职教能力内涵

职业教育是国民教育体系重要组成部分，具备基础性、民生性、兜底性的作用，2022年新修订的《中华人民共和国职业教育法》对职业教育做了明确概念界定，职业教育是指为了培养高素质技术技能人才，使受教育者具备从事某种职业或者实现职业发展所需要的职业道德、科学文化与专业知识、技术技能等职业综合素质和行动能力而实施的教育，包括职业学校教育和职业培训。不同的教育类型对教师的要求不同，职业教育作为与普通教育具有同等重要地位的教育类型，肩负着培养面向生产、建设、服务和管理第一线需要的高技能人才的使命。职业教育区别于普通教育的典型特征是职业性、实践性、技能性，那么从事高等职业教育的教师需具备相应的职业知识、职业能力和职业素质，"双师型"教师是助力教育强国建设的关键力量，因此，参照职业教育"双师型"教师基本标准，高等职业院校"双师型"教师的职教能力要具有双职业能力。

双职业能力一方面是指高等职业教育教师的教学能力，教学能力指从事教学活动、完成教学任务的一般能力；另一方面是指面向某一职业岗位群的职业能力，这一职业能力强调了高职教师要具备职业实践能力，将职业实践能力运用到教学实施中符合技术技能成长规律。因此，教师职教能力包含了教学能力与职业能力，只有同时具备双职业能力才能成为高等职业教育的"职业人"。职教能力要素包含四个方面，即专业理论、专业理论的职业实践、教育理论、教育理论的教育实践。

（二）国内外教师职教能力培养现状分析

1. 国外现状分析

1）美国模式

美国职业教育教师的培养模式是与教师的实际工作相结合的，突出职业教育的实践知识和专业的操作技能等。其培训内容主要集中在让职业教育教师更好地了解教育对象，合理地组织学生的学习工作，让教师有能力使课堂变得更加活泼与有效，让教师学会如何获取丰富的信息化资源。

2）德国模式

德国职业教育教师培养的典型模式是分段式培养模式，职业教育教师的培养要经过两个阶段，即在大学学习专业知识和到职业学校实际工作训练两个阶段，并且在每一阶段要通过国家考试，才有资格担任职业学校教师。

3）澳大利亚模式

澳大利亚职业教育教师的培养，一方面是专任职业教育教师，主要由高等教育学院和大学培养；另一方面是从企业中聘用的专业技术人员作为兼职教师，他们通过师范教育而成为合格教师。兼职教师队伍的建立有效地解决了专任教师不足的问题，实现了专兼教师的优势互补，同时二者还可以取长补短、互相交流，为提高职业教育师资队伍整体水平创造了有利条件。

4）英国模式

英国职业教育教师培养培训的模式主要有两个特点：一是三段融合的培养模式，即职前培养、入职辅导、职后提高三段融合的培养模式；二是三方参与的特色模式，即充分整合培养院校、职业学校和企业三方资源，融合三者特色，积极推进职业教育教师培养的社会化。

2. 国内现状分析

陈科、任媛在《高职院校教师职教能力的构成及影响因素研究——以双高计划为研究背景》中提出了高职院校教师职教能力包括教学能力、育人能力、科研能力、社会服务能力、信息化工作能力以及国际交流能力。李进豪在《教师职教能力评估管理系统的设计与应用》中基于实际工作项目的需求，重点阐述了教师职教能力评估管理系统的设计与实现方法。彭垚垚在《以立德树人为核心的新时代高职教师职教能力提升研究》中提出了高职院校教师职教能力提升策略，即以德育人，加强师德师风建设；以文化人，提高教师人文素养；以技服人，注重教师专业提升。丁治文在《产教融合背景下青年教师职教能力培养路径》中提出了尊重青年教师职教能力发展的生命周期规律，基于转化学习理论，借助 SWOT 分析方法，开拓校内与校外观察评测相结合的职教能力培养新路径。从研究现状可以看出目前我国高职教师职教能力培养仍存在以下方面的问题：一是培养方式多以理论为主，缺乏有效深入实战；二是教师教学要求与企业岗位实践存在矛盾；三是职教能力缺乏可量化、可操作性多元综合评价方法。因此，改进教师职教能力体系和培养途径是亟待解决的问题。

（三）教师职教能力体系构建

职教理念要以理论够用为度、实践能力为重为中心，职教能力要以教学能力、职业能力为基本点，从而形成以双职业能力为导向的职教能力体系。教师要充分进行行情、职情、学情分析，行情即行业（企业）发展趋势对人才培养的需求规格，行业（企业）领域的专业技术的升级，职业岗位群的职业标准与任职资格，教师要及时把握行业（企业）发展动向，进行工作任务的适应性调整。职情即高职教育的特色，教师要遵循高职教育发展规律，研究高职教育人才培养模式，创新教学方法和手段，改革教学评价考核途径，分析教学质量保障体系，从而全面提升职教能力。学情即高职学生生源情况等，不同学生在表达能力、沟通能力、创新能力、组织能力、思维能力上有一定差距，部分同学学习成绩相对不太理想，有厌学情绪，学习主动性差，因此教师帮助学生寻找学习兴趣点、挖掘职业能力是关键，从而培养实践职业型人才。

行情、职情、学情的分析对高职院校教师的职教能力提出了较高的要求，即教师的教学能力与职业能力要动态性调整。下面从教学能力与职业能力两方面加以具体分析。

1. 教学能力

1）教学设计能力

教学设计要依据国家教学标准、专业人才培养方案和课程标准，职业教育课程的内容要以课程思政与思政课程同向同行为导向，将价值塑造、知识传授和能力培养三者融为一体，把思政元素有机融入教学过程，选择典型工作任务，以项目为载体，建立任务驱动式的教学设计模式，使教学过程与工作过程对接。教学设计能力分为整体教学设计能力与单元教学设计能力。整体教学设计能力即打破教材结构，重组更新教学内容，对实际典型工作任务进行整合，使其转变为学习性的工作任务。单元教学设计能力以工作过程单元化与教学实施实践单元化为一体，在每一单元中设计好教学内容的三目标，即知识目标、素养目标、能力目标，同时以工作过程系统化六要素（即资讯、决策、计划、实施、检查、评估）为核心进行单元教学设计。

2）教学实施能力

在教学实施过程中，教师要贯彻落实为党育人、为国育才的使命，在课程实施过程中以立德树人为根本任务，践行以学生为中心的教学宗旨，贯彻教育数字化战略行动，灵活应用现代教学信息化手段，充分利用云实训、云课堂、云场景等教学资源，以教学做练四位一体的教学方法为指导，融合实验、实训、实习三个环节的能力培养，灵活运用线上线下混合式教学方式，开展师生、生生有效互动，并采用360°多主体、多维度、多元评价考核方法；同时依据教学过程中学生的反应、学习效果灵活调整教学方法，实施项目式、案例式、任务式、沉浸式等行动导向教学法，重在培养学生的核心职业能力、数字操作能力和职业核心能力。

3）教学科研能力

产教融合、科教融汇是职业教育响应国家教育、科技、人才一体化发展战略的有效途径，教师是直接开展产教融合、科教融汇的主体，因此，教师不仅要具备扎实的专业知识，还要具备科学研究能力，即专业教育教学改革能力和专业学术科研能力。教学科研能力首先体现在思想创新上，教师要在教学实施中创新方法、手段，注重学生的终身学习理念，培养学生的实践能力、创业能力、就业能力、创造能力，改革人才培养模式顺应经济社会的发展，同时结合专业知识的不断更新与发展，提高自己的专业学术能力。

2. 职业能力

1）职业实践能力

职业实践能力即企业技术应用能力，职业实践能力要求教师能够应用职业领域的操作技术、操作规范，能独立完成一项完整的工作，同时掌握现代化企业技术，能将新技术传输到课堂上，使学生能够学到先进的生产与管理理念，并在实验、实训、实习中进行示范操作和指导学生实践，提高学生实践能力。

2）职业创新能力

职业创新能力即新产品开发能力，校企协同创新是高职院校校企合作的亮点。教师与企业产学研结合，企业借助教师研究的新方法、新材料等创新产品开发构想，教师利用企业的实际工作现场共同实验研发新产品，推动并服务于社会经济发展。

3）社会服务能力

教育部发布的《关于加强高职高专教育人才培养工作的意见》中明确要求，高职院校要积极开展科技工作，以科技成果推广、生产技术服务、科技咨询和科技开发等为主要内容，积极参与社会服务活动。即高职院校要面向社会发展需求开展各级各类技能培训，对行业（企业）人员进行各种职业资格培训，承接社会各种服务项目。因此，教师作为高职院校服务社会的主力军，要不断加强社会服务能力，成为带动专业建设与学校可持续发展的关键。

（四）教师职教能力升级培养途径

1. 以产教融合为契机升级职业实践能力

高等职业教育人才培养模式主要是产教融合和校企合作、工学结合等，因此在校企合作的背景下，针对各专业的校企合作单位，从中选择 3～5 家作为教师实践基地，教师利用寒暑假时间走进企业生产一线，了解新的信息化资源管理手段，学习新工作任务实施流程，掌握职业特定技能，提升职业知识水平与职业核心能力。另外可以引进企业专业技术人员进入学校开展实践教学，并展开双向交流长期合作。在这种模式下教师不但可以从单一教学型向全面实践型教师转变，提升职业能力，同时能为企业的技术应用、新产品开发、社会服务提供理论与技术支持。教师在学校与企业之间动态转变身份，更快提升职教能力。

2. 以三级培训体系为平台提升教学能力

以提高教学质量为前提全面改革人才培养模式，高职院校要针对教师职教能力的不同，根据培训需求有针对性地搭建职业教育教学能力培训平台，借助国家级、省级、校级三级培训项目平台，全面提升教师教学能力；针对各专业教师能力现状有针对性地选派教师参加国培与省培项目，以提升教师实践教学能力与教学设计开发能力；成立校内师资培训部门，旨在提倡校本培训，由学校教学经验丰富、专业技术高的教师组成培训师团队，分级分类培养教学实施能力、教学科研能力等。校本培训能够大大提升各级各类教师的教学能力。

3. 以工作室为基础推动社会服务能力

成立名师和技能大师工作室是加大教师培养培训力度的新举措。建立工作室，一方面由行业经验丰富、教学资历深厚的中老年教师带领青年教师进行专业建设和改革，能够完善老中青三结合的青年教师培养机制；另一方面能够积极提供对外社会服务，开展各类培训，通过与企业签订研发协议提升新产品开发能力，将专业技术应用到研发中并指导教学改革，同时学生在参与中也能够提升创新能力。

4. 以同国际接轨为目标创新职教能力

真正走出去学习国外特色教师培养方法，学校要结合国情、校情、教情确定职教能力培养目标，制定教师国外进修计划，每年安排专项经费定期选派教师外出脱产学习、培训、进修。教师通过学习国外先进的职业教育理念、职业教育教学方法、教学信息化手段等全方位提升职教能力，取得良好施教效果后可在学校全面推广。

作为具备双职业能力的教师不仅需要掌握扎实的教育理论与专业理论，更要具备教育实践能力与职业实战能力，是适应高职师资职业准入的前提，是提升高职院校内涵式发展和提高教育教学质量的动力。但若把职教能力作为专业技术职称评比和绩效考核指标，则在教师职教能力测评方法和标准上还需进一步深入研究。

三、高职院校教师教学创新团队建设研究

党的二十大报告中指出，教育、科技、人才是全面建设社会主义现代化国家的基础性、战略性支撑。高质量发展是全面建设社会主义现代化国家的首要任务，职业教育高质量发展是职业教育中国式现代化发展的本质要求。我国已建成全世界规模最大的职业教育体系，高等职业教育已从规模数量扩张走向内涵高质量发展，打造新时代高素质"双师型"教师队伍是推动高等职业教育内涵高质量发展的第一资源，是科技自立自强的有力支撑，是技术技能人才队伍建设的重要保障。教师教学创新团队（简称创新团队）作为赋能"双师型"教师队伍建设改革的多功能型基层教学组织，创新团队建设是加快职业教育和"双师型"教师队伍高质量发展的有力抓手和重要举措。2019 年，教育部印发《全国职业院校教师教学创新团队建设方案》，2022 年，教育部办公厅发布《关于进一步加强全国职业院校教师教学创新团队建设的通知》，以上文件都为创新团队建设指明了方向和明确了建设目标任务。在国家政策文件引导、推动、支持和决策部署下，教育部分两批公布了 364 个国家级职业教育教师教学创新团队立项建设单位和培育建设单位，高职院校积极开展教师教学创新团队建设已经成为新时代深化现代职业教育体系建设、加快推进职业教育高质量发展的师资保障和关键力量。

（一）"岗课赛证"融通教师教学创新团队内涵剖析

"岗课赛证"融通综合育人是深入贯彻落实习近平总书记在全国职业教育大会上提出的深入推进育人方式改革的人才培养新模式；是增强职业教育适应性对接新一轮科技革命和产业变革深入发展时数字化、网络化、智能化对人才职业核心技能的新要求；是政府、行业、企业、学校等多方协同育人，打破产业界、教育界、竞赛界、证书界的藩篱，以跨界、整合和系统思维，以人才供需耦合培养更多高素质高技能人才、能工巧匠、大国

工匠，全面推进职业教育人才自主培养高质量发展的新目标；是贯彻落实党的二十大报告中关于教育、科技、人才一体化发展的有效实践育人培养模式的新格局。

"岗"是职业岗位（群）、"课"是课程（体系）、"赛"是职业技能大赛、"证"是职业证书。岗是源头，既是综合育人逻辑起点也是终点，"岗课赛证"融通综合育人要紧跟新职业工作岗位的横向扩大化和纵向丰富化对复合型人才的技术技能和管理能力的要求，形成四位一体的良性循环。课是引擎，是综合育人的逻辑焦点，引岗、赛、证入课开展课程体系解构、重构，是教学改革的核心载体。赛是展示，是综合育人的逻辑抓点，是引领职业院校内涵式发展的风向标。证是检验，是综合育人的逻辑检点，是提升专业人才综合能力培养质量的补充、强化和拓展。"岗课赛证"融通不是把岗、课、赛、证的标准、内容、过程、评价进行简单的集合叠加，而是要经过抽丝剥茧式系统分析整合，形成理实一体系统化的人才培养方案和课程标准，在教学内容、教学过程、教学模式上改革创新。"岗课赛证"融通综合育人在政行企校四方联动协同作用下，以促进教育链、人才链、产业链、创新链"四链"融合发展为导向，融通岗、课、赛、证的标准、内容、过程、评价，构建起以培养更多对接产业发展和市场需求的复合型高素质高技能人才为目标的人才培养模式，如图 4-1所示。

因此，基于"岗课赛证"融通综合育人的教师教学创新团队以岗位、课程、竞赛、证书四位一体为教学创新的着力点，以专业（群）建设为载体，以专业（群）带头人为核心，由公共课、专业课教师（含实习指导教师）和企业兼职教师组成校企教学创新共同体，基于成员知识技能互补的优势，分工协作"岗课赛证"融通一体的模块化教学模式改革，运用创新思维融通标准、过程和评价，推动"教师革命""教材革命""教法革命"，打造个体多维成长、团队师师相长生态圈，组成德技双馨、创新协作、结构合理的多功能型正式组织，是全面提高复合型高素质高技能人才自主培养质量的新动能新优势。

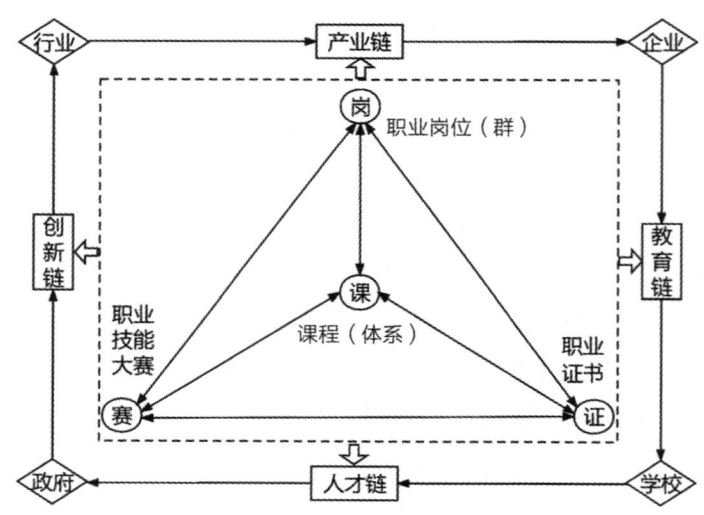

图 4-1　基于"四链"融合的"岗课赛证"融通综合育人内涵

（二）教师教学创新团队建设面临的现实问题

1. 目标任务不明确，教师能力不全面

教师教学创新团队要以服务经济社会发展和人的全面发展为总体目标任务，以引领教育教学模式改革创新、深化职业教育供给侧结构性改革、服务职业教育高质量发展为具体目标任务，聚焦战略性重点产业和民生紧缺领域专业分级、分专业建设创新团队，因地制宜做好各级创新团队的建设规划和布局。"岗课赛证"融通综合育人的创新团队作为活力课堂的"主力军"要深耕课堂"主阵地"，满足学生的自我价值实现需要，提供多元成长渠道。因此，创新团队的目标是主动服务科教兴国战略、人才强国战略、创新驱动发展战略，适应产业转型升级对岗位技术技能的新要求，为全面建设社会主义现代化国家提供人才支撑。然而目前较多高职院校创新团队的目标任务往往与社会经济发展和人的全面发展偏离脱节，中长期目标较模糊。团队结构要充分考虑在人缘、学缘、业缘等方面的构成，涵盖公共课、专业课教师（含实习指导教师）和工作经验丰富的企业兼职教师，主要来自院校教师和行业企业一线中高级技术人员、管理人员

和能工巧匠。校企之间团队成员要开展实质性双向流动，团队成员通过扎实的教学改革，如"岗课赛证"融通综合育人模式，在岗位技能标准、课程体系重构、职业技能大赛指导、证书培训等设计实施中要优势互补，通过全程伴随式培训和传帮带形式弥补自身短板，以增强创新团队的自身建设和团队命运共同体的构建。然而，在建设中院校教师缺乏关键的对接新技术、新工艺和新规范的实习实训指导、技术技能创新和数字化运作能力，行业企业一线能工巧匠缺乏关键的专业理论讲授、教学改革创新和教研能力，"岗课赛证"融通综合育人模式的设计实施过程中团队教师关键能力往往未走深走实，流于形式，顶层设计未落地实践，最终创新团队教师能力未全面提升。

2. 建设范式不规范，教学模式不突出

创新团队建设范式是围绕建设模式、制度机制、构成来源、分工责任等内涵建设形成的创新团队建设机制、运行模式和管理制度。国家层面并未发布正式文件界定职业教育教师教学创新团队的内涵和各级基本标准，尚未形成统一规范的创新团队建设范式标准。各个地方的省级、市级、校级团队建设参照国家级团队建设开展，因各地方经济、科技、社会文化等因素对职业教育发展的影响，各级创新团队各自为政，团队建设范式不成熟，高标准、高规范、高质量的建设范式较少，典型案例的引领辐射作用有待提升。创新团队教学模式要坚持以人为本、能力为重、质量为要、守正创新，坚持课程思政与思政课程同向同行，深入贯彻落实"三全育人"和"三教"改革，首先要凸显团队成员的各自优势，围绕岗、课、赛、证开展专项教学内容创新研究；其次是依据教学目标、学情特点，坚持面向人人、因材施教开展专项教学方法创新研究，掌握个性化学习的教学方法；最后是遵循新时代技术技能人才成长规律，以培养数字化素养和能力为目标开展教学资源平台创新研究，整合线上线下一体化资源，主动适应职业教育数字化转型升级和贯彻国家教育数字化战略行动，打破传统学科串联教学模式，开展模块化并联教学模式，创新项目式、情境式教学，营造教学实践一体化、教学线上线下融合化的课程教学新生态、新场景。然而在实施推进过程中，团队成员中行业企业成员在建设周期内参与人才培养方

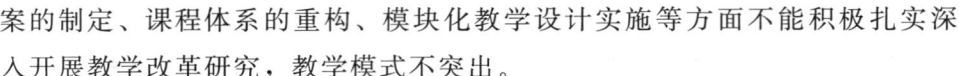

案的制定、课程体系的重构、模块化教学设计实施等方面不能积极扎实深入开展教学改革研究，教学模式不突出。

3. 协作机制不健全，保障力度不到位

创新团队要坚持开放发展理念，立足教学创新，利用"岗课赛证"跨界特色，整合校内外资源，如科研院所、教师企业实践基地、教师教学培训基地、稳定的合作企业、产教融合实训基地、创新团队院校等共同组建协作共同体，以提高"岗课赛证"融通综合育人质量为目标，全方位、全过程科学组织协同创新，充分发挥智力和场景优势，规避木桶效应，助力创新团队成长和实现目标任务。协作共同体要遵循合作、共享、创新的原则，建立协同工作机制，如制定章程、成立组织、明确权责、规范管理等协作机制。然而很多高职院校的创新团队缺乏健全有效的协作管理机制，协作共同体工作效率低。为保障创新团队科学有序高效运作，高职院校要建立保障支持机制。一是政策保障，高职院校要把创新团队建设纳入专业建设与改革和学校整体发展规划中，主管领导和职能部门制定管理办法，建立奖惩机制，做好指导与过程管理；对创新团队成员的考核评价、职称晋升、学历提升、境内外访学研修给予政策倾斜，优先考虑。二是资金保障，即保障创新团队建设发展经费，一方面学校给予创新团队专项经费，另一方面创新团队通过校企合作、科研项目、社会服务等途径增加经费保障。三是平台保障，充分利用校内外各种平台开展创新团队建设，如利用本校教师发展中心为团队建设和教师自身发展提供教学能力培训研修等方面的支持，鼓励教师利用国家职业教育智慧教育平台开展数字化教学，积极参加职业院校教师教学能力大赛，以推动创新团队在教学内容、教学设计、教学实施和教学评价等方面的创新。然而在以上创新团队建设过程中，往往会出现政策执行不到位、管理流程不规范、激励方式不得当等问题。

（三）教师教学创新团队建设现实意义

1. 服务经济社会发展是创新团队建设的新要求

党的二十大报告中提到，坚持创新在我国现代化建设全局中的核心地

位，加快实施创新驱动发展战略，坚持面向世界科技前沿、面向经济主战场、面向国家重大需求、面向人民生命健康，加快实现高水平科技自立自强。随着新一轮科技革命和产业变革深入发展，数字经济已经成为新时代的主要经济形态，数字化、网络化、智能化赋能我国经济高质量发展的效用凸显。《中华人民共和国国民经济和社会发展第十四个五年规划和 2035 年远景目标纲要》提出，要打造数字经济新优势，充分发挥海量数据和丰富应用场景优势，促进数字技术与实体经济深度融合，赋能传统产业转型升级，催生新产业新业态新模式，壮大经济发展新引擎。《数字中国发展报告（2022 年）》中指出，2022 年，我国数字经济规模达到 50.2 万亿元，占 GDP 比重提升至 41.5%，数字经济已成为拉动我国 GDP 增长的重要驱动。中国信息通信研究院统计，2020 年，中国数字化人才缺口已接近 1100 万人。伴随全行业数字化的快速推进，数字化人才需求缺口还会持续加大。2022 年，《中华人民共和国职业分类大典（2022 年版）》正式发布，新增职业 158 个，总职业数达 1639 个，首次标注数字职业 97 个。通过以上文件可以看出，产业数字化和数字产业化需要大量具有数字化素养和能力的中高端技术技能人才提供智力支持和人力支撑。数字化人才培养是创新团队领跑数字职业新赛道的教学改革新动能。科技创新离不开人才驱动，在科教融汇的新趋势下，科技教育同频共振，国家对创新驱动发展战略做出的重大部署，也为职业教育的高质量发展擘画蓝图。"岗课赛证"融通综合育人旨在深化职业教育供给侧结构性改革，深入贯彻科教兴国战略、人才强国战略、创新驱动发展战略，对接新产业、新业态、新模式、新职业、新岗位对更多高素质高技能人才的新要求。创新团队建设要抓住科技自立自强新契机，在服务经济社会发展、加快建设国家战略人才结构布局指引下锤炼教学创新发展能力。

2. 促进人的全面发展是创新团队建设的新动力

职业教育作为与经济社会发展联系最为密切的教育类型，肩负着培养能够把先进技术和设备转化为生产力的高素质高技能人才的重任。随着市场经济结构和产业结构的不断调整优化，需要深化职业教育人才供给侧结构性改革。当前现代职业教育体系建设改革不仅需要纵向贯通，还需要横向职普融通互促发展。着眼于人的全面发展，职业教育已由"谋业"转向了"人本"的功能定位，服务人的全面发展是新时代深化职业教育改革的新目标。截至 2022 年 9 月，全国高职院校 1518 所，中职学校 9786 所，教育部一体化设计了中职-高职专科-高职本科专业体系，中高职院校共开设 1349 个专业和 12 万余个专业点，职业教育每年为国家培养约 1000 万名高素质技术技能人才，紧跟市场需求和产业结构调整，不断调整优化专业设置，已覆盖国民经济各领域。2022 年，教育部办公厅等五部门发布《关于实施职业教育现场工程师专项培养计划的通知》，实施职业教育现场工程师专项培养计划，计划到 2025 年将有累计不少于 500 所职业院校、1000 家企业参与项目实施，累计培养不少于 20 万名现场工程师。职业教育专项培养计划、横向融通的职普协调发展和纵向贯通的中-高-本衔接，从点线面结合育人角度出发，为人的全面发展拓宽了成长成才的通道。实现成长成才教育资源中的关键力量是师资队伍，关键是创新团队要定位于面向市场构建的多形式衔接、多通道成长的"立交桥"，在横向融通、纵向贯通的职业教育体系建设中起到横向流动、承上启下的枢纽作用，创新培养模式，改革教学组织，让不同禀赋和需要的学生能够多次选择、多样化成才，助力培养符合经济社会发展、科技创新、产业升级要求的人才。

3. 推动现代职业教育高质量发展是创新团队建设的新赛道

党的二十大报告中提到，统筹职业教育、高等教育、继续教育协同创新，推进职普融通、产教融合、科教融汇，优化职业教育类型定位。这为现代职业教育的高质量发展指明了方向，现代职业教育的高质量发展从宏观层面来看，需要优化职业教育定位，职业教育从"层次"向"类型"转变，类型特色从"强化"到"优化"，是现代职业教育从外在发展表征到内涵高质量发展的集中体现；需要加快构建现代职业教育体系，包括不同类型教育横向融通和不同层次职业教育纵向贯通，是现代职业教育从不同类型教育各自发展到协同创新高质量发展的作用表现；需要服务技能型社会建设，营造国家重视技能、社会崇尚技能、人人享有技能的社会氛围，是现代职业教育从"唯学历"的边缘地位到"一技之长"的同等地位高质量发展的价值呈现。现代职业教育的高质量发展从微观层面来看，需要深化教育教学改革，以"三教"改革为中心，高职院校教师、教材、教法改革要遵循现代职业教育发展规律，强化创新团队建设，创新教学模式与方法，改进教学内容与教材；需要产教深度融合、校企深入合作、工学深化结合，高职院校要瞄准科技革命、产业升级转型，关注职业岗位动态变化，实时对接企业，理实一体工学交替式开展教学活动；需要科教融汇，贯彻教育数字化战略行动，实现数字化技术与其他技术技能的深度融合，赋能教师实时获取学生实践行为轨迹，提高师生信息化水平。无论是宏观层面的贯彻落实还是微观层面的具体实践，创新团队建设作为推动现代职业教育高质量发展的倡导者、践行者，需要在教学内容、教学设计、教学实施和教学评价中，采用PDCA质量环全面提升人才自主培养质量，进而保障在推动现代职业教育高质量发展新赛道上形成新优势。

（四）教师教学创新团队建设路径

1. 树立理念、牢记使命——创新团队建设的前提

理念是上升到理性高度的观念，是创新团队思想的高度概括和思维意识的价值引领。使命是创新团队存在的原因和目的，是目标共识的行动方向。培养什么人、怎样培养人、为谁培养人是教育的根本问题，解决职业教育的根本问题的关键是"双师型"教师队伍，教师教学创新团队作为打造"双师型"教师队伍的特色创新举措，要以理念为重、质量为要、守正创新为宗旨，树立理念、牢记使命是创新团队建设的前提。创新团队的建设，首先要以习近平新时代中国特色社会主义思想为指导，学习贯彻党的二十大精神，树立党建引领职业教育发展的理念，牢记为党育人、为国育才的光荣使命，加强团队思想政治与师德师风建设；教师坚定的思想政治方向是加入团队的第一准则，良好的师德师风是评价团队素质的第一标准，要把思想政治与师德师风建设摆在创新团队建设的首要位置。其次要树立大职业教育观发展理念，牢记为实施科教兴国战略、人才强国战略、创新驱动发展战略提供人才和技能支撑的使命；工匠型人才是强化国家战略科技力量的配合力量，高职院校作为培养工匠型人才的"主阵地"，要加强产教融合、校企合作的双元育人模式，深化"岗课赛证"融通综合

育人的系统性、跨界性和整合性的特色育人方式改革，紧跟国家创新驱动发展战略，服务经济社会发展。最后要树立以人为本、以学生为中心的教学理念，创新团队始终要以立德树人为根本任务，以德技并修为实践旨归，牢记培养更多高素质高技能人才、能工巧匠、大国工匠，培养德智体美劳全面发展的社会主义建设者和接班人的使命，加强在课程思政、专业教学标准、课程体系重构、模块化教学设计实施、多元化教学评价等方面的教学改革创新，服务人的全面发展。

2. 涵养文化、凝聚合力——创新团队建设的关键

团队文化是成员为了实现共同的目标及个人的自我价值在分工协作中凝聚而形成的，是团队高效运作和高质量发展内在精神动力的源头活水。涵养文化自信是凝聚合力、持续创新的动力。创新团队的构成以校企为主体，是跨文化的协同团队，把企业文化、学校文化相融合，涵养校企共同体文化，进行增强主体感、培养使命感、培育认同感的团队文化心理建设，鼓励团队成员合作协同创新，形成教学创新机制。团队文化发挥整合功能，即基于团队角色文化的灌输，把团队文化体系同社会主义核心价值观相融合；发挥维系功能，即通过诱因引导和成就驱动维持平衡，实现个人利益和团队利益的统一，利用创新团队强大的感召力、团结精神和文化魅力，聚英才而用之；发挥激励功能，激励团队成员在团队创新文化的影响下不断挖掘自我潜力，凝聚创新合力，实现个人自我价值和团队共同的目标任务。创新团队弘扬践行劳模精神、劳动精神、工匠精神，引领精神层面文化建设，彰显物质层面和制度层面文化。涵养文化可以从以下三个方面入手。一是校企文化双向流动融合形成创新团队特色文化，学校专任教师到产教融合型企业学习实践技术技能，掌握职业岗位群最新技术、规范和工艺，与企业能工巧匠共同开展技术研发，反哺教学改革；企业兼职教师到学校学习实践教学科研，掌握教学方法，提升科学研究能力，反哺技术研发，最终校企互补双赢。二是团队专兼职教师"岗课赛证"融通形成命运共同体文化，如共同指导学生各级各类职业技能大赛和创新创业大赛，共同参加各级各类教学能力比赛和行业职工比赛，共同开展职业培训和职业技能等级证书培训，实现团队教师多元发展。三是创新团队打造

夯基蓄势、首创精神文化，创新团队夯实巩固已取得的教学成果，基于科技革命新领域、行业发展新业态、职业教育新赛道、学生成长新渠道，集合团队的智慧和力量，充分发挥首创精神，勇于创新探索教学改革，塑造团队新优势。

3. 提升专能、构建体系——创新团队建设的核心

创新团队的建设要以系统性、动态性、差异性为原则，遵循边创新、边实践、边修正、边总结的循环路径。系统性体现在系统设计教师教学、科研能力专项培养提升行动计划，构建相应体系，开展目标晋升管理；动态性体现在及时掌握内外部环境变化，动态调整优化团队教学创新领域；差异性体现在充分了解成员个体在专业知识技术技能积累、教学能力、科研能力等方面的差异，采取针对性的能力提升培养。一是高职院校要构建"双师型"教师层级认证提升体系，按照国家职业教育"双师型"教师基本标准，构建团队成员认证层级并针对性建立初级、中级、高级提升体系；教师团队根据自身层级发展，制定梯度升级目标，达标各级条件，具备"双师型"教师素质。二是高职院校要建立健全"校-省-国"三级教师企业实践体系，成立教师发展中心，与企业共建校级教师企业实践基地，制定相关管理办法确保企业实践效果，鼓励教师参加省级、国家级企业实践基地专项培训计划。截至 2022 年 12 月，教育部已分两批公布了 202 个国家级职业教育教师企业实践基地，涵盖了 46 个行业领域和 13 个专业大类。创新团队要持续深入通过三级教师企业实践体系提升综合实践能力，建立教师企业实践档案。三是高职院校要构建教师教学能力提升比赛体系，坚持以赛促教、以赛促学、以赛促改、以赛促研，建立"校-省-国"三级比赛体系，开展教学能力比赛培训项目，促进能说会做善导的"双师型"教师成长，提升教师数字素质与技能。四是高职院校要构建教研能力提升体系，总结积累教学改革创新的经验和成果以及专业技术科学研究，申报"校-市-省-国"四级教科研项目，形成良好创新循环，发挥教学成果的引领示范作用，辐射省域省际同类型院校。五是高职院校要构建教学创新能力评价体系，坚持以评促建、以评促改、以评促管、评建结合、重在建设，构建师德践行能力、专业教学能力、综合育人能力和自主发展能力

四个一级指标和师德认知能力、师德行为能力、专业教学设计能力、专业教学实施能力、专业教学实践能力、专业教学评价能力、课程思政育人能力、"岗课赛证"综合育人能力、创新创业育人能力、专业成长能力、交流合作能力等二级指标。

4. 建章立制、规范管理——创新团队建设的保障

建章立制是创新团队建设和科学有序发展的制度保障，也是创新团队高标准严要求加强自身建设的基础。首先高职院校应参照国家级、省级教师创新团队建设方案，制定校级教师教学创新团队建设方案与管理办法，从建设目标、原则、内容、申报条件、申报流程和评选、管理办法等方面做明确规定。创新团队管理遵循学校的管理办法开展业务活动，采取类矩阵式的组织结构，组建分工明确、责任清晰、默契协作、运作高效的团队。其次高职院校应建立规范的管理系统，管理系统是保障团队运作的管理机制，包括运行机制、动力机制、约束机制。团队必须建立以教学改革创新为导向的运行机制，根据国家发展战略对人才的需求进行教学改革，提高供给需求匹配度，根据当前技术技能日新月异的发展做好教学内容设计与实施。动力机制来自激励政策、量化成果奖励和团队竞争合作的创新氛围，从而形成团队成员开展教学改革的驱动力。约束机制来自团队负责人的职位权力和个人权力的约束、量化成果惩罚、成员职责等，以此形成约束力。驱动力和约束力的合力保障创新团队守正创新、行稳致远。最后创新团队内部应建立绩效考核评价管理办法、团队教学成果管理办法、团队开展培训交流常态化管理办法、团队建设专项经费管理办法等。如绩效考核评价遵循定量与定性相结合的原则，采取过程性评价、结果性评价和增值性评价相结合的综合评价方法。过程性评价主要围绕科教融汇专业改革、产教融合教学模式改革、"三教"改革，从师德师风、课程思政、教学态度、教学创新、教学效果等方面开展；结果性评价主要围绕成员的量化任务展开，如对接一家产教融合型企业、立项一项市级以上教改课题、指导一次专业职业技能大赛、开展一次职业技能等级证书培训、制定一套可行教学方案、参加一次教学能力比赛、完成一门课程"课堂革命"典型案例等；增值性评价是对团队成员在教学能力、科研能力、专业技术能力、信息素养能力、

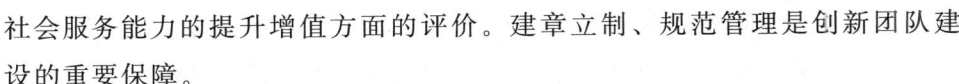

社会服务能力的提升增值方面的评价。建章立制、规范管理是创新团队建设的重要保障。

四、教育家精神引领下的课程思政团队建设研究

全面推进课程思政建设，教师是关键。充分发挥基层教学组织专业教学团队的作用，是全面推进习近平新时代中国特色社会主义思想进教材进课堂进头脑，培育和践行社会主义核心价值观，加强中华优秀传统文化教育，深入开展宪法法治教育，深化职业理想和职业道德教育的重要师资保障，因此，打造课程思政团队是"双师型"教师队伍在思政引领下提升思想政治水平的有力补充。下面以我校现代物流管理专业课程思政团队为例展开论述。

（一）课程思政团队建设内涵

教育家精神是习近平总书记在 2023 年 9 月 9 日致信全国优秀教师代表时首次提出的，深刻阐释了中国特有的教育家精神的时代内涵，从理想信念、道德情操、育人智慧、躬耕态度、仁爱之心、弘道追求六个方面做出深刻阐述，赋予了新时代人民教师崇高使命，为新时代教师队伍建设指明了前进方向、提供了根本遵循，是课程思政团队建设的理论指引和实践指导。专业教师要深刻领悟教育家精神内涵，丰富课程思政建设。

我校现代物流管理专业课程思政团队是依托中央财政支持专业服务产业发展能力项目、省级 1＋X 证书制度项目、教育部第三期供需对接就业育人项目，在省级商务英语高水平专业群和省级商务英语专业群教学团队的基础上组建的，团队主要成员 8 人，其中高级职称 3 人，占比 37.5％，硕士学位 8 人，思政课教师 1 人，学生管理人员 1 人。团队以"心有大我、至诚报国的理想信念，言为士则、行为世范的道德情操，启智润心、因材施教的育人智慧，勤学笃行、求是创新的躬耕态度，乐教爱生、甘于奉献的仁爱之心，胸怀天下、以文化人的弘道追求"的教育家精神为引

领，紧紧围绕立德树人根本任务，以增强思政引领力为核心，把课程思政建设贯穿于人才培养全过程，解决专业教育与思政教育"两张皮"问题，拓展和提高专业课程的广度、深度和温度。团队发展定位及主要职责如图 4-2 所示。

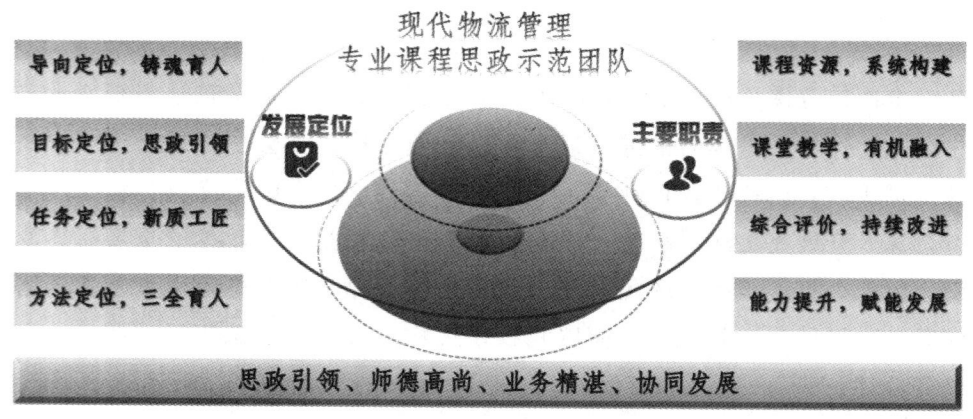

图 4-2 团队发展定位和主要职责

1. 团队发展定位

1）导向定位

团队发展坚持不懈以习近平新时代中国特色社会主义思想铸魂育人，充分发挥红色资源育人功能，不断拓展实践育人和网络育人；努力践行为党育人、为国育才的初心使命，为培养堪当民族复兴重任的时代新人做出新的更大贡献。

2）目标定位

团队以培育新时代物流强国新质工匠为人才培养目标，以不断提升教师课程思政建设的意识和能力为重要任务，通过典型经验交流、现场教学观摩、课程思政集体教研等方式，强化育人意识、找准育人角度、提升育人能力，打造一支思政引领、师德高尚、业务精湛、协同发展的专业课程思政团队。

3）任务定位

团队依托外语商贸学院课程思政教学研究中心，制定团队发展规划，结合社会经济发展、新质生产力发展、行业转型升级等国家政策、社会时事、行业热点，深入挖掘强国建设课程思政元素，构建专业课程思政教学体系和评价体系，创新教学方法，利用数字技术丰富教学资源，赋能课程建设。

4）方法定位

专业课程与思政课程同向同行，显性教育与隐性教育相统一，构建全员、全过程、全方位育人格局，通过行动导向式、成果导向式、情境教学式、项目驱动式、情境沉浸式、虚实结合式等教学方法，实现思政元素潜移默化地融入课堂，根植强国建设，厚植家国情怀。

2. 团队主要职责

1）课程资源，系统构建

团队结合专业课程内容将价值塑造、知识传授和能力培养融为一体，确定思政主旨、思政主线、思政主题和思政目标，深化产教融合，整合校内外教师队伍，融通"岗课赛证创"教学内容，系统构建专业课程资源大平台。

2）课堂教学，有机融入

团队深刻把握课堂教学内容，建立"科技素养＋人文素养"双线协同的课程思政元素库和集合体，基于典型工作任务流程有机融入思政元素，拓展"第一课堂""第二课堂""第三课堂"，课堂教学与社会现实紧密结合，构建教学内容"大课堂"。

3）综合评价，持续改进

综合评价关注学生动态变化，从遵纪守法、爱岗敬业、为民服务、科技强国、创新精神、劳动精神、工匠精神等思政元素角度出发，建立"过程性＋结果性＋多元性＋增值性"的多元主体、多维方法、多级指标的评价体系，并不断优化持续改进。

4）能力提升，赋能发展

团队通过协作开展课程思政建设，深入课程思政理论研究和实践探索，科学设计各门课程思政建设路径，提升人才培养效果，在课程思政教育案例、教科研项目、教学能力、技能比赛方面取得长效成绩，在思政教学能力和专业技术水平方面得到提升，形成教学相长、师师相长、赋能发展的教师生态圈。

（二）专业课程思政建设内容

1. 专业课程与思政课程的冰山理论

专业课程是课程思政建设的基本载体，是思政隐形教育的重要途径，思政教育与专业课程的有机融合是对思政课程的再理解、再领悟、再深化。专业知识通过点、线、面的范式延伸，真正实现育人与育才的统一。专业课程体系包含专业基础课、核心课、拓展课和综合实践课等，课程体系培养学生的单一技能发展到综合技能。课程思政教育融入各类专业课程中，使学生不断内化于心、外化于行，发挥课程思政强大的实践力，真正实现各类课程与思政课程同向同行，显性教育与隐性教育相统一，发挥协同效应，如图 4-3 所示。

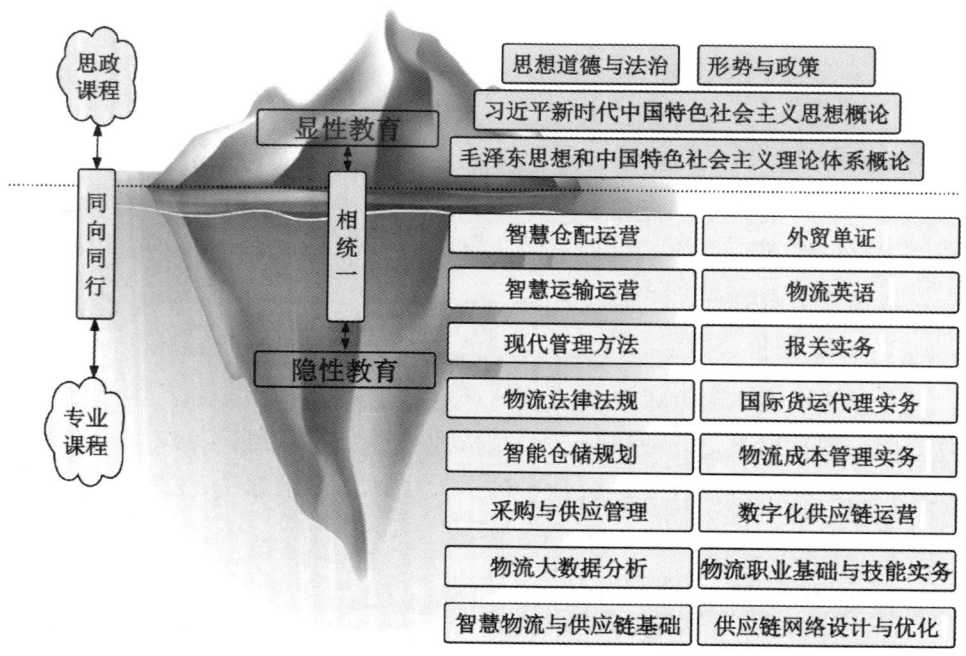

图 4-3 专业课程与思政课程的冰山理论

2. 创新课程思政建设整体设计

课程思政团队结合专业课程模块特点，以专业人才培养为面，确定专业思政目标，以模块化专业课程为线，确定课程思政目标，以课程教学内容为点，确定知识技能点思政目标，实现由大到小、由宏观到微观的目标体系。从专业层面来看，课程思政整体设计包含思政主旨、思政主线、思政主题和思政目标。思政主旨是课程思政建设的价值引领，思政主线是专业课程思政建设的核心和灵魂，思政主题是课程思政建设的重要载体。专业课程思政以立德树人、德技并修为思政主旨，以强国建设、民族复兴为思政主线，强化科技教育与人文教育协同，创新"思政＋科技、思政＋人文"建设，围绕思政主旨、主线、主题、目标四个方面逐级具象化，系统性、整体性设计课程思政建设框架，如图4-4所示。

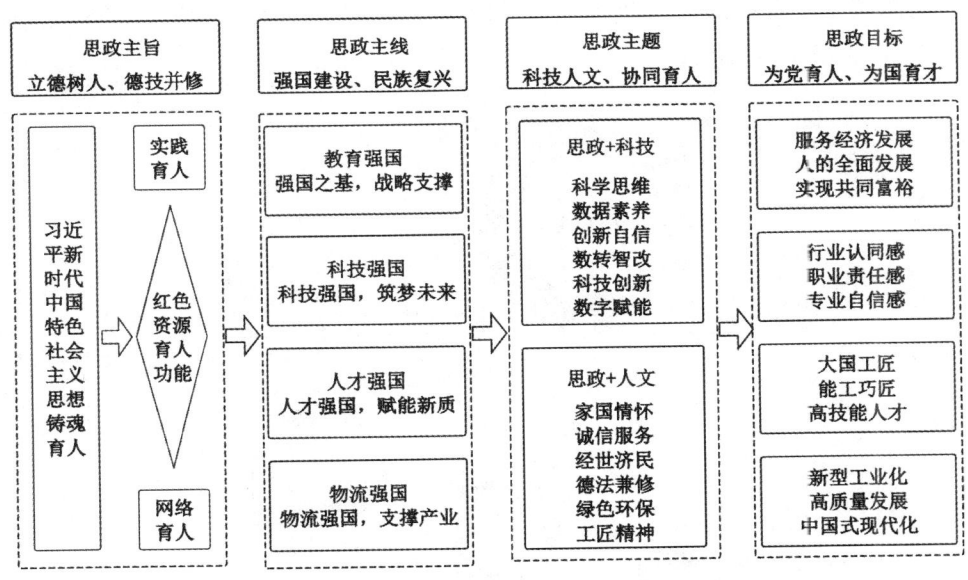

图 4-4 专业课程思政建设框架

3. 创新宏观-中观-微观三级的思政元素库

课程思政团队在贯彻落实《高等学校课程思政建设指导纲要》的基础上，围绕培养什么人、怎样培养人、为谁培养人这个根本问题，从宏观角度顶层设计思政元素库，即围绕政治认同、家国情怀、文化素养、宪法法治意识、道德修养构建顶层思政元素库；从中观角度结合行业发展对人才的要求，围绕经世济民、诚信服务、德法兼修构建专业思政元素库；从微观角度围绕课程内容，进一步细化提炼课程思政元素库，形成三级思政元素库。

4. 创新课程思政教学评价体系和运行机制

课程思政团队创新"多元主体＋多维标准＋多级指标"评价方法，构建"过程评价＋结果评价＋多元评价＋增值评价"四维评价体系，按照PDCA质量环，将课程思政教学过程分为设立目标、实施、检查、处理四个阶段，不断优化教学方法。课程思政团队根据每一轮教学效果评价结果，将PDCA质量环的成功经验应用到下一轮教学循环中，对存在的问题在下一轮的教学过程中加以改进。通过PDCA质量环，课程思政教学质量阶梯式上升，如图4-5所示。

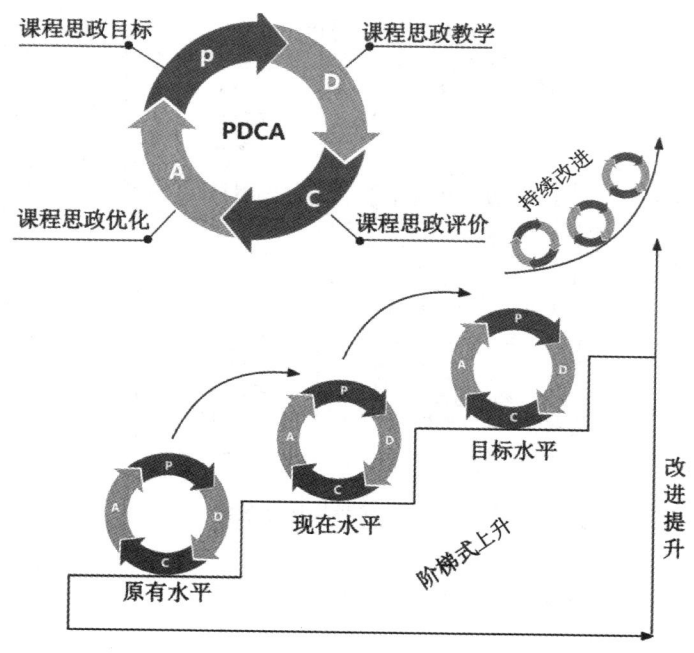

图4-5　课程思政教学评价质量环

(三) 课程思政团队建设策略

1. 构建模块化课程思政教学团队

课程思政团队实行带头人负责制和课程群负责人制双层组织架构管理模式，按照行业企业发展现状及未来趋势，成立大模块化课程群思政教学团队，包含负责人和团队成员。我校以推进专业设置与产业需求对接、课程内容与职业标准对接、教学过程与生产过程对接为具体目标，建立课程团队，形成协作共同体，以学生为中心，健全德技并修、工学结合的"岗课赛证"综合育人模式，构建思政课程与课程思政育人格局，全面推进"三全育人"，实现思想政治教育与技术技能培养融合统一。团队开展教学改革课题研究，创新模块化教学模式，打破学科教学的传统模式，践行行动导向教学、项目式教学、情境式教学、工作过程导向教学等新教法，全面贯彻教育数字化战略行动，使数字技术赋能"三教"改革。（见表 4-1）

表 4-1 课程群思政教学团队建设

大模块化课程群	核心模块化课程	课程思政核心要求
智慧物流管理	智慧仓配运营	逻辑、布局、系统、全面
	智慧运输运营	
	智能仓储规划	
	物流大数据分析	
国际物流运作	外贸单证	严谨、规范、依法、精准
	报关实务	
	物流英语	
	国际贸易实务	
	国际货运代理实务	
数字供应链管理	物流成本管理实务	降本、增效、提质、服务
	采购与供应管理	
	数字化供应链运营	
	供应链网络设计与优化	
	物流职业基础与技能实务	

在课程思政团队中，由每门课程负责人承担课程整体教学设计，团队共同开发课程思政要素，共同研讨数字技术与知识技能的融合，按照模块化开展数字资源的制作。团队在教学过程中，开展"课堂革命"，使用"AI＋"融入教学内容和教学过程，赋能新质活力课堂，教学创新开展"五个一"典型案例工程：一个"课堂革命"典型案例、一个课程思政教育典型案例、一个人才培养模式典型案例、一个教学评价典型案例和一个产教融合典型案例。

2. 推进专业产教融合提升人才培养质量

课程思政团队坚持以教促产、以产助教，深化产教融合、产学合作，延伸教育链、服务产业链、支撑供应链、打造人才链、提升价值链，全过程参与人才培养方案制定、课程体系重构、模块化教学设计实施等；适应产业转型升级和经济高质量发展，按照职业岗位（群）能力要求和相关职业标准，不断开发和完善课程标准；打破原有的专业课程体系框架，基于职业工作过程重构；积极将职业技能等级标准，行业企业新技术、新工艺、新规范和优质课程等资源纳入专业课程教学，研究制定专业能力模块化课程设置方案，将每个专业划分为若干核心模块单元。

3. 多项举措提升教师课程思政建设能力

课程思政团队教师积极参加国家级、省级职业院校教师素质提升培训，坚持每年参加不少于1个月的企业实践、参加5年一轮的脱产顶岗实践；围绕师德师风、"三全育人"、教学标准、职业技能等级标准、课程体系重构、课程开发技术、模块化教学设计实施等内容，突出课程思政团队自身建设和共同体协作的方法路径，通过全程伴随式培训和指导帮带，全方位提高课程思政团队教师能力素质。学校保障课程思政团队教师的企业实践，充分利用各级企业实践基地和对口企业，使教师通过参加技能培训、兼职锻炼、参与产品研发和技术创新不断提升实习实训指导和技术技能创新能力。

（四）课程思政团队建设保障

1. 制度保障

学校建立完善的教学管理制度，建立学校、学院、专业教研室三级教学质量评价体系，加强教学过程与教学质量的检查与监督；开展课程思政教学观摩等活动，教师就教学组织与实施展开研讨，团队相互学习、共享资源，共同提高教学能力水平；学校每年投入一定经费，开展课程思政教学创新研究和教学改革研究，制定课程思政团队培训和考核制度，提升教师知识和技能对接行业企业发展需求的能力。

2. 组织保障

学校成立专业建设专家指导委员会，建立人才培养模式动态调整机制，形成围绕专业课程体系、实践教学体系、教学质量评价体系一体化建设闭环，从组织上保证数字科技创新、数智生产运作与教学实践衔接，促进人才培养质量一体化发展，有机结合成一个完整体系，助力教学质量螺旋式上升。

3. 人员保障

学校支持专业骨干教师积累企业工作经历，探索"学历教育＋企业实践"的培养方法；支持兼职教师提高教学能力、牵头教学研究项目、申报产业导师；组织实施教学改革，加强教研室基层教学组织改革，广泛开展有效教研活动。

第五章　产教融合视角下高职院校物流专业课程思政建设研究

一、引言

习近平总书记在全国教育大会上强调，教育是强国建设、民族复兴之基，建设教育强国是一项复杂的系统工程，需要我们紧紧围绕立德树人这个根本任务，着眼于培养德智体美劳全面发展的社会主义建设者和接班人。强大的思政引领力是教育强国重要六大特质之首，全面推进课程思政建设是落实立德树人根本任务的战略举措。

课程思政是新时代高校落实立德树人根本任务的重要举措，其核心在于将思想政治教育贯穿于教育教学全过程，实现专业教育与思政教育的协同效应。近年来，国家高度重视课程思政建设，先后出台《高等学校课程思政建设指导纲要》《关于深化新时代学校思想政治理论课改革创新的若干意见》等政策文件，明确提出全面推进课程思政建设，构建全员、全过程、全方位的育人格局。现代物流管理专业作为实践性强、应用性广的学科，其课程思政建设不仅有助于培养学生的职业道德和社会责任感，更能为物流行业的可持续发展提供思想引领和人才支撑。

然而，当前高职院校现代物流管理专业课程思政建设存在一些问题。首先，部分教师对课程思政的理解存在偏差，未能将思政元素有机融入专业教学内容；其次，课程思政资源开发不足，缺乏与物流行业特点相结合的典型案例和教学素材；最后，课程思政评价体系不完善，难以科学评估思政育人的实际效果。基于此，本研究以高职院校现代物流管理专业为研究对象，结合课程思政建设的要求与物流行业的特点，探索课程思政建设的实施路径与策略，旨在为高职院校培养德才兼备的现代物流管理人才提供理论依据与实践参考。

二、思政引领智慧物流高技能人才培养研究

2024 年 9 月，习近平总书记在全国教育大会上指出，教育是强国建设、民族复兴之基。职业教育是中国特色社会主义教育强国建设的重要组成部分，是教育强国建设的"铜腰"，肩负着培养新时代大国工匠、能工巧匠、高技能人才的责任使命。高技能人才是助力科技成果转化为新质生产力的国家战略人才力量之一，基于新质生产力的科技创新标志性特征，职业教育要以科技发展、国家战略需求为牵引，着眼提高创新能力，深化产教融合，优化人才培养，为科技成果尽快转化为现实生产力的"最后一公里"提供强大的高技能人才支撑，在教育强国建设征程上发挥强大的支撑力和贡献力作用。

2022 年，国务院办公厅发布的《"十四五"现代物流发展规划》中指出，现代物流是延伸产业链、提升价值链、打造供应链的重要支撑，在构建现代流通体系、促进形成强大国内市场、推动高质量发展、建设现代化经济体系中发挥着先导性、基础性、战略性作用。现代物流以数字化、智慧化、网络化为牵引，深度融合现代生产制造业、商贸流通业，增强供应链韧性，在产业链强链补链延链中发挥关键作用。当前，我国物流业正在向高科技、高效能、高质量的绿色智慧物流方向发展，智慧物流行业发展

欣欣向荣，市场规模呈高速增长状态，中商产业研究院发布的《2024—2029 年中国智慧物流市场调查与行业前景预测专题研究报告》显示，2023 年中国智慧物流行业市场规模约为 7903 亿元，较 2022 年增长 12.98％。智慧物流人才需求逐年递增，智慧物流急需数字物流系统规划设计、数字物流运作管理及数字设备应用运维等各类专业人才，人才短缺已经成为物流业发展的瓶颈，大部分物流企业缺乏既掌握计算机技术、网络技术和通信技术等相关知识又熟悉现代物流运作规律的复合型、创新型、应用型人才。因此，智慧物流高技能人才是能够熟练应用数字技术进行物流活动运作的高素质高技能人才，是面向物流产业数字化职业场景的现场工程师，是精操作、懂技术、会管理的复合型、创新型、应用型人才，是服务支撑传统产业转型升级、战略性新兴产业培育壮大和未来产业布局建设的高技能人才。

（一）智慧物流高技能人才培养遵循原则

1. 系统性：深化专业教育与思政教育"融合度"

为党育人、为国育才需要专业教育与思政教育有机融合与协同，然而在人才培养过程中，课程思政与思政课程依然存在"两张皮""各自为政"等现实问题。专业课程是课程思政建设的基本载体，是思政隐性教育的重要途径。高职院校可以通过冰山理论挖掘课程思政育人的强大协同效应，专业课程体系包含专业基础课、核心课、拓展课和综合实践课等，课程体系培养学生的单一技能发展到综合技能，课程思政教育要发挥课程思政强大的实践力，使学生在各类课程中将思政要求不断内化于心、外化于行，真正实现各类课程与思政课程同向同行，显性教育与隐性教育相统一，发挥协同效应。

2. 生态性：增强育人系统与产业发展"适配度"

职业教育是为产业发展提供人力和智力支持的就业教育，然而，人才供给往往无法满足产业需求，出现知识、技能滞后于产业前沿发展的情况，断层问题较为突出，大大增加了企业用人成本和时间成本。人才培养质量取决于育人系统与产业发展的适配度，从微观角度看，职业教育育人系统包含各种样态的硬件和软件，如场域体系、教学体系和评价体系等，育人系统的关键要素是专业、师资、教材、课程和实训基地等。在人才培养过程中，高职院校要扎实推进深化产教融合、产教联动、产教共生的命运共同体理念，打造省域产教融合共同体和市域产教联合体生态圈，构建育人要素"五金"，即金专业、金课程、金教师、金教材和金基地。

3. 协同性：提升教学内容与职业岗位"紧密度"

当前，人类社会正经历着第四次科技革命和产业变革，各种新经济形态不断涌现，其中低空经济成为第一、二、三产业争相竞逐的新赛道，成为我国经济增长的新引擎。《2024 中国低空物流发展报告》数据显示，未来低空物流市场规模预计将在 2025 年达到 1200～1500 亿元，到 2035 年有望达到 4500～6050 亿元。低空物流业将会成为现代物流业利润增长的"新大陆"。现代物流业作为服务产业发展的支撑性产业，其职业岗位人才技能需求需要衔接匹配经济和产业一体化发展。职业教育作为高技能人才培养的主要渠道，教学内容要紧密对接传统产业升级迭代、八大战略性新兴产业和九大未来产业，紧密衔接岗位生产过程，紧密连接产业链、创新链。

（二）智慧物流高技能人才培养逻辑机理

《高等学校课程思政建设指导纲要》中指出，培养什么人、怎样培养人、为谁培养人是教育的根本问题，落实立德树人根本任务，必须将价值塑造、知识传授和能力培养三者融为一体、不可割裂。课程思政与思政课程要同向同行，构建全员、全过程、全方位育人大格局。现代物流管理专业以推动区域经济高质量发展、服务现代化产业体系、赋能新质生产力、服务人的全面发展为导向，以思政引领人才培养为宗旨，以新质生产力赋能专业系统性变革为核心，以深化产教融合为根本，以培养现代高技能人才为目标，不断优化完善改革实践人才培养模式。以我校现代物流管理专业为例，从两个方面阐释智慧物流高技能人才培养逻辑机理。

1. 思政引领德行育人，新质赋能知行合一

人才培养以立德树人为根本任务，以培育内在职业精神和外在职业规范为导向，遵循德技并修、知行合一的育人理念，深入践行教师、教材、教法的"三教"改革和全员、全过程、全方位的"三全育人"理念；以课程建设为抓手，组建课程教学团队，以学生为主体，深入挖掘课程所蕴含的思想政治教育元素和承载的思想政治教育功能，将家国情怀、经世济民、德法兼修、劳动精神、劳模精神、工匠精神、创新精神、科技思维、数据素养等思政元素有机融入课程；通过"科技素养＋人文素养"双线协同贯穿课程教学，课政融合浸润无声，达到学思践悟、细照笃行的思政目标；通过培根铸魂、启智润心培养有灵魂、有智慧、有创新的德才兼备的新质物流人才。

2. 产教融合实践育才，新质赋能同频共振

产教融合、校企合作是职业教育典型人才培养模式，开展政行企校联合培养机制，结合产业新质生产力发展路径，打造省域产教融合共同体和市域产教联合体，同频共振赋能实践育人。我校自 2020 年与京东物流共同开展"京苗班"人才培养，参与广东省产教评技能生态链建设项目。"京苗班"实施岗位教学、培训、实践、课题研究一体化培养模式，建立校企双导师制，共同制定岗位培养方案、教学培训课程标准，共同开展考核评价。学生在基层运营管理岗位进行实践，如在打包、拣货、收货、盘点等岗位轮岗实践，以及在基层运营支持岗位，如库内行政、商家服务、质量管控等岗位轮岗实践。对于学生岗位实践，我校实施学做评一体化考核机制，采用"一岗一评"赋分制、多岗综评的评价方法。多名学生获得"A＋"等级，成为京东"华南星"储备干部，并进一步提升成为"新锐之星"。学生通过轮岗实践学习行业新技术、新模式、新工艺，不断提升产业新质技能。

（三）智慧物流高技能人才培养实践路径

教育发展、科技创新、人才培养一体化统筹推进是教育强国建设的必

由之路。教育发展是科技创新和人才培养的坚实基础，科技创新是教育发展和人才培养的重要引擎，人才培养是教育发展和科技创新的根本保障。因此，职业教育高质量发展、产业科技自立自强、高技能人才培养是内在一致、相互耦合、相互支撑的逻辑关系。育才必先育人，育人必先育德，智慧物流高技能人才培养实践路径在教育教学过程中，以思政引领为统领点，以新质赋能为切入点，以产教融合为发力点，贯彻落实教育数字化战略行动，使人才培养更加系统化、立体化、全面化。智慧物流高技能人才培养实践路径框架如图 5-1 所示。

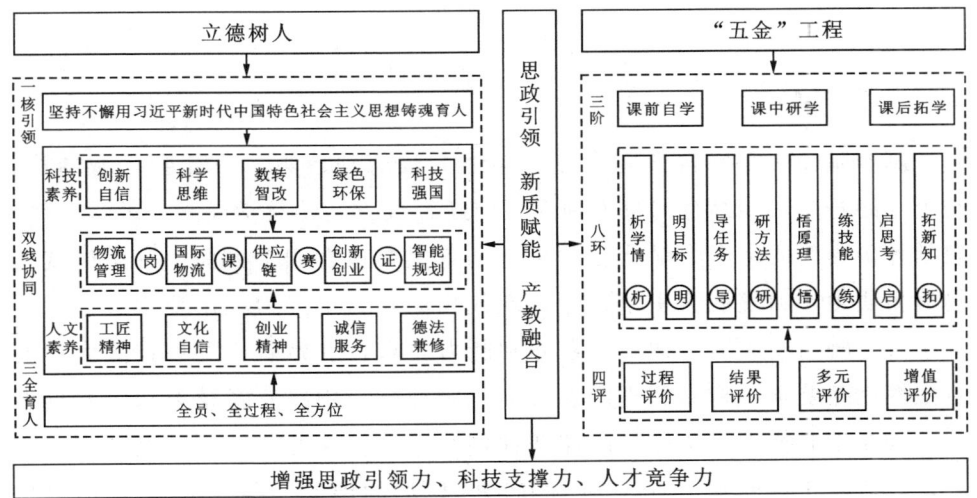

图 5-1 智慧物流高技能人才培养实践路径框架

1. 思政引领，系统构建

高职院校要打造思政课程与课程思政协同育人体系，明确人才培养方向坚定思政引领力。一是以坚持不懈用习近平新时代中国特色社会主义思想铸魂育人为引领，强化科技教育与人文教育协同，开展全员、全过程、全方位的"三全育人"，形成"一核引领、双线协同、三全育人"的课程思政育人模式。二是深入挖掘物流专业课程思政元素，收集行业新技术、新动态、新政策、先进事迹、榜样人物等思政元素，灵活广泛应用先进数字科学技术于课程思政教学中，呈现集文本、动画、视频、人机交互于一体的多模态思政案例库，并借助课程建设数字资源平台形成课程思政图谱，充分发挥红色资源育人功能，不断拓展实践育人和网络育人，有机融入课程教学，达到润物细无声的育人效果。三是以思政引领人才培养理论创新，定位课程思政培养目标，构建思政引领、新质赋能、产教融合的智慧物流高技能人才培养模式，贯彻落实横向融通、纵向贯通的现代职业教育体系，让学生清楚学习成长责任使命。四是在"大思政"建设背景下，增强教师、教材、课程和实训基地的隐性思政教育，提升教师课程思政教学能力，建设课程思政示范课程；课程思政元素融入教材、实训基地要有思政特点，实训项目要有思政要求，实践过程要实现思政学思践悟与技能知行合一的统一。

2. 新质赋能生态场景

高职院校要坚持教学与产业、与地方政府和政策、与社会区域结构、与个人终身学习相结合的育人理念，创新育人方式、教学模式、教学资源、教学评价。新质生产力赋能教学生态场景主要包含四个方面。一是以现代物流新质生产力发展为引擎，融合现代物流新质生产力生产要素，以课程为中心，融通职业岗位知识、素养和能力要求，世界职业院校技能大赛的自主性创新要求，物流管理职业技能等级证书（中级）考核要求，专创融合的创新创业要求，实施"岗课赛证创"综合育人方式。二是以学生为中心，创新基于课堂深度交互的 BOPPPS 模型的课前、课中、课后三阶段，析学情、明目标、导任务、研方法、悟原理、练技能、启思考、拓新知八个环节的教学模式，进行师生、生生互动式教学与学习。三是开发理虚实一体化数字教学资源，创新云端与真实微场景协同教学的生态工厂，将典型生产案例纳入教学内容，教学过程对接生产过程，灵活开展项目驱动式、情境沉浸式、行动导向式、虚实结合式教学方法。四是以"多元主体＋多维标准＋多级指标"人才培养评价体系为导向，构建"过程评价＋结果评价＋多元评价＋增值评价"四维评价体系及"教评＋学评"的双螺旋成长型综合评价模型。

3. 产教融合，协同相长

高职院校要实施"五金"新基建工程，提质人才培养系统，强化科技支撑力，坚持教育发展、科技创新、人才培养一体化发展，融合现代物流业新质生产力发展，专业对接产业新业态、新岗位、新技术，构建产教融合共同体，遵循专业群底层共享、中层分立、高层互选课程体系构建原则，构建数字物流供应链"基础能力＋专项能力＋综合能力"的能力进阶式模块化课程体系版图，打造校企"技师＋工程师＋讲师"教科研创新团队，建设融入思政元素、数字技术、生产过程的数字化立体形态教材和"云端＋微景"的虚拟仿真场景实训基地。以以教促产、以产助教、产教融合、产学合作为导向，实现协同相长具体包含三个方面。一是基于新质人机协同能力，深化产教教学资源协同，与企业纵深合作，引进合作企业先进物流管理运作信息系统和设备。二是基于新质生产力工作过程，深化产教教学队伍协同，校企共同实施模块化教学，利用校外实践基地和校内虚拟仿真实训基地创新应用场景，使学生进行沉浸式技能实践。三是基于构建产教融合的现代职业教育体系，深化构建职业教育体系与完善现代产业体系协同，培养普通工匠型、能工巧匠型、大国工匠型进阶式智慧物流高技能人才梯队。

三、产教融合视角下现代物流管理专业课程思政建设研究

2024 年 9 月，习近平总书记在全国教育大会上强调，教育是强国建设、民族复兴之基，建设教育强国是一项复杂的系统工程，需要我们紧紧围绕立德树人这个根本任务，着眼于培养德智体美劳全面发展的社会主义建设者和接班人。强大的思政引领力是教育强国重要六大特质之首，全面推进课程思政建设是贯彻落实立德树人根本任务、增强思政引领力、助力教育强国建设的战略举措。党的二十大报告指出，推进教育数字化，建设全民终身学习的学习型社会、学习型大国。各级各类教育共同组织推进终身学习是架起学习型社会建设的桥梁，基于学习型社会建设愿景，高职院校要坚持系统思维、问题导向、育人本质，在"大思政课"建设背景下，以助力物流新质生产力发展为契机，充分发挥专业课程思政载体效力，将价值塑造、知识传授和能力培养融为一体，引导学生坚定理想信念，立报国强

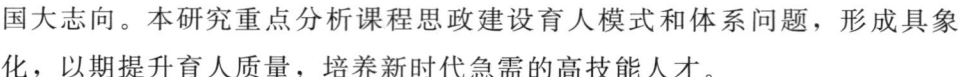
国大志向。本研究重点分析课程思政建设育人模式和体系问题，形成具象化，以期提升育人质量，培养新时代急需的高技能人才。

（一）专业课程思政建设必要性分析

1. 贯彻落实立德树人根本任务

2020年，教育部发布的《高等学校课程思政建设指导纲要》指出，落实立德树人根本任务，必须将价值塑造、知识传授和能力培养三者融为一体、不可割裂。高校承担着为党育人、为国育才的责任使命，是提升人才培养质量的关键，是落实立德树人根本任务的"主阵地"。学习型社会建设需要有科技创新意识、思维和能力的新质人才，职业教育在推动经济社会发展、学习型社会建设，实现共同富裕和实现美好生活等方面发挥重要作用，让学习者在终身教育体系中获得与时俱进的"德技双馨"。

2. 服务经济社会高质量发展

中共中央政治局就扎实推进高质量发展进行第十一次集体学习，总书记习近平在主持学习时强调，必须牢记高质量发展是新时代的硬道理。现代物流业是服务经济社会高质量发展的先导性、基础性、战略性产业，经济社会高质量发展需要更多大国工匠、能工巧匠、高技能人才，提升产业工人高等学历教育的职业教育是加快培养工匠人才的主要渠道，也是加快学习型社会建设的重要支柱。工匠人才素养技能提升要通过课程思政建设，进一步融合知识传授、能力培养和价值塑造，增强产业工人队伍政治认同、家国情怀、文化素养、法治意识、创新意识、创新精神，提升服务经济社会高质量发展的使命责任感。

3. 助力产业新质生产力发展

2024年的《政府工作报告》中指出，大力推进现代化产业体系建设，加快发展新质生产力。产业是形成发展新质生产力的载体，战略性新兴产业和未来产业构成了新质生产力的重要依托。产业人才是推动产业生产力发展的关键要素，也是重构新型生产关系的重要组成之一。职业教育承担着培养适应新质生产力发展的高素质复合型、应用型、创新型技术技能人才，聚焦服务于全日制学生、在职职工、再就业人员、农民工和新型职业农民等各类群体的高技能人才培养，更好地激发产业人才的智慧和力量，形成学习型社会建设的推动器。为了有效激发成人学习者的创新精神，高职院校需加强职业教育课程思政建设，把课程思政作为推进学习型社会建设、新质生产力发展的倍增器，支持国家高质量发展。

（二）专业课程思政建设要解决的问题

现代物流管理专业课程思政建设是实现培养物流强国建设人才的首要任务，高校人才培养是育人与育才相统一的过程，但依然存在专业教育与思想政治教育"两张皮"现象、"流于形式"的假象和"生搬硬套"的表象，具体需要解决以下三个问题。

1. 解决课堂教学与现实结合"不紧密"的问题

基于职业教育的职业性和实践性，为解决课堂教学过程与社会经济发展、行业转型升级、学生全面发展需要之间存在的不紧密、有滞后等问题，一是要坚持课堂教学对接生产过程，衔接物流行业新技术、新业态、新模式，坚持与产业结合、与地方和政府政策结合、与社会区域结构结合、与个人终身学习结合；二是要满足课堂教学契合学生需求，加强学生对物流行业的认同感、专业的自信感和职业的责任感；三是增强课堂教学与现实结合的紧密性，让社会现实"大课堂"赋能课堂教学"小课堂"，让课堂教学与现实结合更加具有强大的思政引领力。

2. 解决思政元素与课程内容"硬融入"的问题

基于课程思政建设的针对性和有效性，为解决思政元素难以有效融入课程内容的问题，一是要以行业政策、企业案例、"时代楷模"、人民工匠、社会热点问题、时事作为思政教育的主要载体；二是要把科技素养和人文素养有机融入教育教学过程中，增强课程内容、课堂教学的科技性和人文性，实现课程思政隐形教育与思政课程显性教育相统一，达到浸润细无声式的启智润心、铸魂育人效果；三是使用 AI、数字孪生、大数据、云计算、物联网数字技术资源，让思政元素与课程内容的有机融入更加具有强大的科技支撑力。

3. 解决多元师资与合力育人"未协同"的问题

基于提升教师课程思政建设的开放性和多元性，为解决多元师资队伍和课程思政未发挥合力协同育人的问题，高职院校要深化政行企校协同育人机制，打造名师引领、协同思政、师师相长的课程思政示范团队，团队包括专业课教师（含实训和实习指导教师）和企业能工巧匠兼职教师。具体做法如下：一是强化教师课程思政合力协同育人意识，改革课程思政精准育人方式，提升教师课程思政育人活力，确保课程思政建设落地落实、见功见效；二是共建共享思政元素集合体、案例库，丰富线上线下教学资源，避免相同思政载体在不同课程中重复嫁接；三是发挥虚拟教研室作用，搭建课程思政建设交流平台，让教师队伍更加具有强大的社会协同力。

（三）专业课程思政建设体系

一是教学体系，高职院校要针对性修订人才培养方案，切实落实高职专业教学标准，把课程思政建设纳入人才培养方案，完善课程思政融入专业纯理论课程、纯实践课程、理实一体化课程的标准，构建科学合理的课程思政教学体系。

二是内容体系，课程思政建设内容要以爱党、爱国、爱社会主义、爱人民、爱集体为主线，包含推进习近平新时代中国特色社会主义思想进教材进课堂进头脑，培育和践行社会主义核心价值观，加强中华优秀传统文化教育，深入开展宪法法治教育，深化职业理想和职业道德教育。

三是评价体系，评价体系要关注学生的横向纵向成长，以职业发展需要为导向，以德、技、能、绩全面发展设计指标体系，构建"过程评价＋结果评价＋多元评价＋增值评价"的四维综合评价模型，建立健全多维度课程思政建设成效考核评价体系。

四是保障体系，一是制度保障，加强课程思政顶层设计，制定课程思政建设管理制度，如课程思政课堂教学管理制度、课程思政集体教研制度、课程思政建设研究项目管理办法等；二是激励保障，把教师参与课程思政建设情况和教学效果作为教师考核评价、岗位聘用、评优奖励、选拔培训的考核指标，开展课程思政示范课程的表彰奖励；三是经费保障，学校明确经费支持，加大课程思政优秀成果的经费支持保障。

（四）专业课程思政建设策略

培养什么人、怎样培养人、为谁培养人是教育的根本问题，全面提高人才自主培养质量是教育的时代重任，专业课程思政建设要坚持为党育人、为国育才，发挥专业课程的育人作用，塑造学生正确的世界观、人生观和价值观；要深化产教融合，以助力物流新质生产力发展为契机，充分发挥"泛在课堂""泛在平台""泛在师资""泛在系统"课程思政建设的泛在协同效应，协同科技与人文教育，培育物流强国新质工匠人才，如图 5-2 所示。

1. 构建课程思政"泛在课堂"，引领学生立志报国

课堂教学是课程思政建设的"主渠道"，"泛在课堂"是课程思政建设的重要载体，"课堂革命"要打破时空限制，打破传统教室和教学工场，放大"学校课堂"的时空场域，把教学空间延伸至社会领域，善用社会现实资源，紧跟社会经济发展、行业动态，紧密衔接课堂教学内容，集合全时空课程思政素材，充分发挥"第一课堂""第二课堂""第三课堂"的协同育人功能，打造"课内课外、校内校外、线上线下"的课程思政生态"泛在课堂"，构建全程育人新课堂。

2. 搭建课程思政"泛在平台"，引领学生全面发展

课程建设是课程思政建设的"主战场"，"泛在平台"是课程思政建设的重要抓手，"课程革命"要借助 5G、AI、大数据、物联网等数字技术，科学设计，系统性重构课程思政教学体系和质量评价体系，拓展和提高课

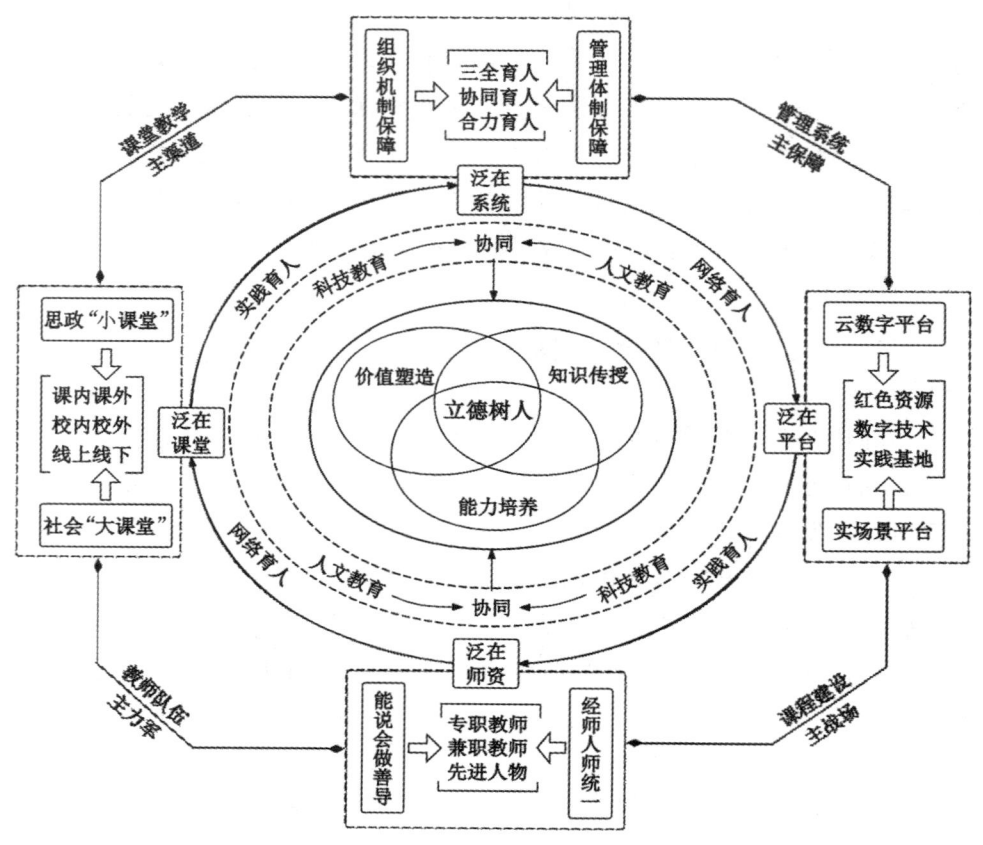

图 5-2 专业课程思政建设框架

程的广度、深度和温度，充分利用线上集视频、微课、动画、案例于一体的全方位、立体化网络育人课程思政教学数字资源库，打造"云课堂＋云实训＋云场景"的网络育人平台，线下利用校内专业实践基地、专创融合空间工作室、校外实习基地，打造"微场景＋实景"实践育人平台，构建全方位育人新平台。

3. 打造课程思政"泛在师资"，引领学生成长成才

教师队伍是课程思政建设的"主力军"，"泛在师资"是课程思政建设的重要支撑，打造课程思政"泛在师资"是"教师革命"的关键，教师应成为"经师"与"人师"相统一的"大先生"，深刻践行教育家精神，一方面要以身作则、严于律己、言行一致，遵守职业道德，弘扬主旋律、传递

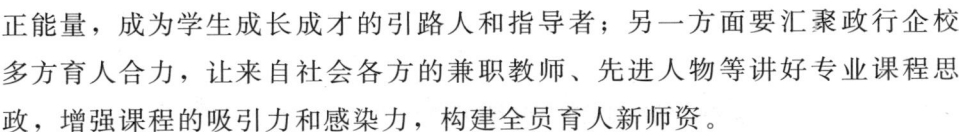

正能量，成为学生成长成才的引路人和指导者；另一方面要汇聚政行企校多方育人合力，让来自社会各方的兼职教师、先进人物等讲好专业课程思政，增强课程的吸引力和感染力，构建全员育人新师资。

4. 构建课程思政"泛在系统"，引领学生奋斗强国

管理系统是课程思政建设的"主保障"，"泛在系统"是课程思政建设的重要保障，"泛在系统"是各种系统的集合，包括了学校"小系统"和社会"大系统"、虚拟系统和实体系统。课程思政建设是一项系统工程，要加强顶层设计，全面规划，循序渐进，以点带面，不断提高育人效果。课程思政建设管理体制应遵循国家政策和学校建设管理办法，管理机制包括运行机制、动力机制和约束机制。在多系统融合作用下，在课程思政建设管理体制下，要有序有质提升课程思政渗透力，构建全要素育人新系统。

（五）专业课程思政建设育人路径

1. 精准把脉学情，构建育人模式

职业教育教学授课对象是全职和在职学习者，其学历层次、社会背景、实践经历、年龄结构等方面存在一定差异。为了有效开展教学，教师应在课程开始讲授前开展学情调研，通过课前测评掌握学生已有知识和技能基础，通过问卷调查分析学生认知和实践能力、学习特点；要深刻理解和践行思政元素，以学生为主体，把脉真实学情，因材施教，为开展精准教学打下基础。课程思政建设首先内容要紧紧围绕坚定学生理想信念，结合学生喜闻乐见的身边人和事、物流行业社会热点、"时代楷模"、视频新闻等切入，映射思政教育；其次教师要以爱党、爱国、爱社会主义、爱人民、爱集体为主线，围绕政治认同、家国情怀、文化素养、宪法法治意识、道德修养等课程思政内容供给，将典型思政案例有机融入课堂教学，线上线下一体化组织教学；最后形成"一核引领、双线协同、三全育人"的课程思政育人模式，如图 5-3 所示。

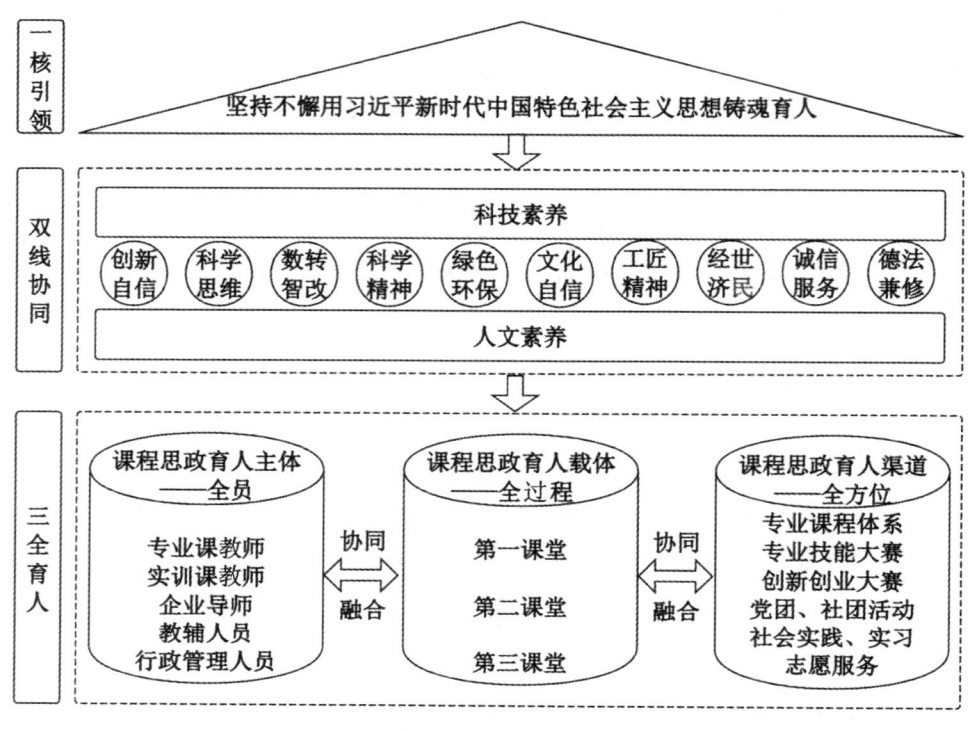

图 5-3 "一核引领、双线协同、三全育人"课程思政育人模式

2. 梳理思政供给，优化教学体系

高校现代物流管理专业人才培养目标是培养德智体美劳全面发展的社会主义建设者和接班人，以培养具有家国情怀、责任担当、爱岗敬业、劳动精神、工匠精神、创新精神的新时代物流强国新质工匠和高技能人才为核心，契合现代物流业新质生产力发展，协同科技教育和人文教育，深入挖掘"思政＋科技、思政＋人文"思政元素，融合"岗课赛证创"综合育人方式，构建"课程内容＋思政（目标＋元素＋案例）"有机融合的课程思政教学体系，建立多元主体、多维方法、多级指标综合型课程思政教学考核评价体系。现代物流业具有高度集成并融合运输、仓储、分拨、配送、信息等服务功能的特点，思政内容要围绕降本增效、规划布局、有序调度、数据分析、服务质量、数字创新等方面展开，通过项目驱动式、情境沉浸式、行动导向式、虚实结合式等教学方法，利用融合数字技术的教学资源，

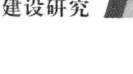

借助软件、硬件、学习平台赋能"大课堂"教学，构建人人皆学、处处能学、时时可学的教学场景，注重学思结合、知行合一。

3. 建设数字资源，赋能教学实施

教育数字化转型和数字技术赋能教学是中国式职业教育现代化发展的重要途径。基于学生是数字元生代，更加易于接受多模态和理虚实一体化教学模式，教师可以利用融合数字技术，整合视觉、听觉、触觉等多种感官体验，触发学生思想意识共识、内心情感共鸣和外在行为共振。高职院校应积极推进习近平新时代中国特色社会主义思想进课堂进头脑，以物流行业领域的国家战略、法律法规和相关政策、科技创新、新质生产力为重点，融合物流数字生产力、科技生产力和绿色生产力，建设数字资源和物流类专业精品资源共享课程、模拟 3D 智慧物流仓储作业虚拟仿真软件、数字孪生仓储规划实训平台（3D-SCADA）、货运代理仿真实训系统，并适配线下智慧物流实训基地实践物流智能运作各项数字技能；着力培育学生职业素养和科技创新精神，增强课程的知识性、人文性，提升引领性、时代性和开放性，赋能教学实施过程。

四、实证研究——以"物流职业基础与技能实务"课程为例

（一）课程思政教学体系构建

课程是思政建设的主要载体，有效融合专业课程思政和思政课程，发挥专业课程思政作用能丰富专业教学，达到思政育人效果。"物流职业基础与技能实务"是现代物流管理专业核心课程，其教学内容对接物流管理1+X证书考核要求，选用考核指导配套教材为课程教材，根据岗位技能与证书考核要求，整合教学内容，共分为职业基础和技能实务两个模块，八个项目，按照课程思政建设要求，围绕思政目标、元素、案例三个方面展开课程思政建设。具体如表 5-1 所示。

表 5-1 "物流职业基础与技能实务"课程思政教学体系

模块	项目	教学内容	思政目标	思政元素	典型思政案例
模块一：职业基础	项目一	职业道德与安全认知	培养学生树立正确物流行业职业道德观和职业安全观	忠诚信实、爱岗敬业、恪尽职守、职业安全	先进人物：获全国五一劳动奖章的京东快递小哥。 社会热点："8·12"天津滨海新区危险品仓库特大爆炸事故。 习近平新时代中国特色社会主义思想：总体国家安全观
	项目二	物流基础与行业认知	增强学生行业认同感、职业责任感和专业自信感	国计民生、科技赋能、社会责任、数据素养	平台分享：阿里云平台、顺丰云展厅。 行业发展：2024年社会物流总额、总费用、总收入。 主题讨论：为物流强国建设而奋斗
	项目三	供应链基础与认知	培养学生绿色生活生产观、产业链良性循环发展观	"双碳"目标、持续发展、系统理念、增链韧性	行业时事：苏伊士运河"堵船"事件。 主题讨论：系统设计行业绿色供应链。 党的二十大报告：提升产业链供应链韧性和安全性
	项目四	物流创新与创业	培养学生创新精神、创业意识、遵纪守法意识和劳动精神	科创思维、全局规划、劳动精神、团队协作	教学案例：无人机派送——天上真的会"掉馅饼"。 企业视频：无人仓储——机器人分拣。 热点时事：把握时代脉搏，低空物流发展正当时

续表

模块	项目	教学内容	思政目标	思政元素	典型思政案例
模块二：技能实务	项目五	物流开发与范围管理	培养学生规范使用物流调查网络、守信保密的职业道德	数据素养、严谨细致、实事求是、依法办事	主题分享：中国智慧物流发展。 企业案例：招投标违法违规典型案例。 法律法规：《中华人民共和国招标投标法》。 社会主义核心价值观：诚信、公正、法治
	项目六	物流作业活动管理	培养学生精益求精、助力新质生产力的工匠精神	工匠精神、生态环保、为民服务、科技创新	主题分享：中国智慧物流发展。 榜样力量："人民工匠"国家荣誉称号获得者许振超。 行业发展：中国是全球物流需求最大市场。 虚拟仿真：3D虚拟仿真智慧物流作业操作
	项目七	物流成本与绩效管理	培养学生服务产业链降本增效提质意识和行为	降本增效、质量优先、绿色循环、德法兼修	企业案例：当物流业遇上新质生产力——"AI+物流"如何实现降本增效？ 主题讨论：如何兼顾效率、成本与质量？ 行业政策：《有效降低全社会物流成本行动方案》
	项目八	物流数字化应用	培养学生应用数字技术赋能物流的自觉行动	数字孪生、虚拟仿真、规范操作、安全为要	主题分享：数字技术在物流各环节的应用。 实训操作：智慧物流实训基地1+X考核。 技能大赛：智慧物流比赛方案设计与实施

（二）专业课程思政教学实施过程

教学实施遵循立德树人、德技并修的育人理念，以师生同备、师生同频、师生同进为主线，按照课前自学、课中研学、课后拓学三个过程，采用 POBPSP 教学模式，以析学情、明目标、导任务、研方法、悟原理、练技能、启思考、拓新知为八个教学环节，依据教学内容确定思政目标，深入挖掘思政元素，针对性选取思政载体（典型思政案例），把课程思政有机融入课堂教学全过程，采用多元评价主体、多维评价方法、多级评价指标的综合评价模型，有效提升课程思政育人质量。以数字拣选方式的内容为例，教学实施过程如图 5-4 所示。

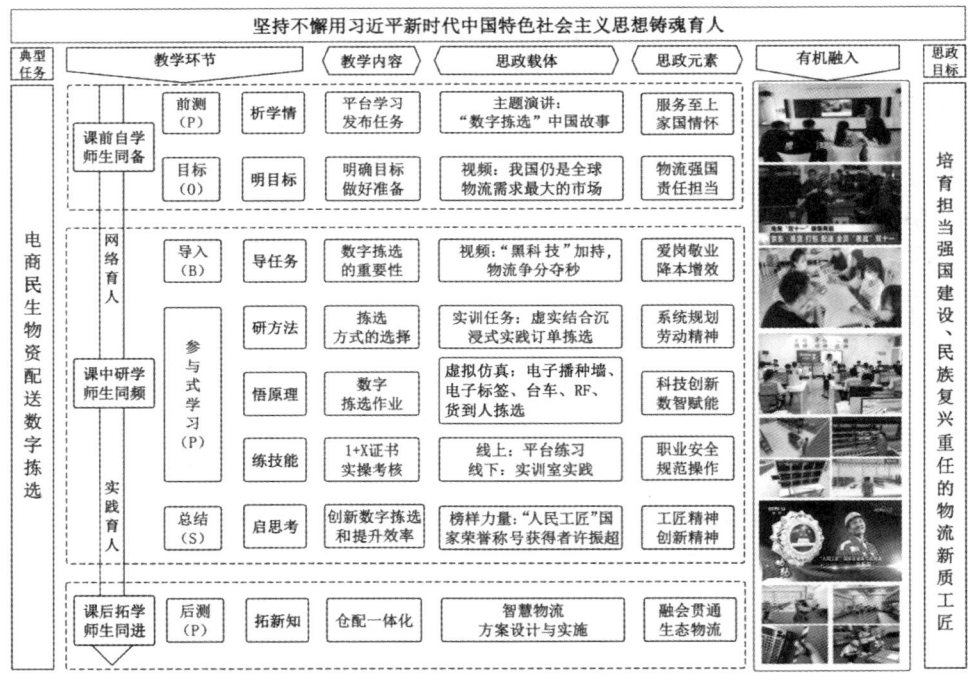

图 5-4　课程思政教学实施过程

1. 课前自学：师生同备

（1）前测（P）——课前任务析学情，家国情怀记使命。

利用学习通平台，教师推送课前专业知识与技能测试，学生自学预习

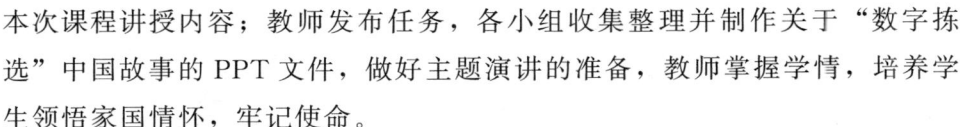

本次课程讲授内容；教师发布任务，各小组收集整理并制作关于"数字拣选"中国故事的 PPT 文件，做好主题演讲的准备，教师掌握学情，培养学生领悟家国情怀，牢记使命。

（2）目标（O）——依据学情明目标，物流强国有担当。

学生通过观看新闻视频了解我国仍是全球物流需求最大的市场，其中物流作业关键环节是拣选。通过思政表现测试，教师进一步明确教学三维目标，优化调整教学策略，学生深刻理解建设物流强国是新时代每个物流人的责任担当。

2. 课中研学：师生同频

（1）导入（B）：身临情境导任务，爱岗敬业勇奋斗。

教师播放视频——"黑科技"加持，物流争分夺秒，用成本、时效数据进行对比，引发各小组讨论，进行师生评价，使学生树立行业认同感和职业责任感，体会岗位的"小贡献、大成就"，在平凡岗位上始终爱岗敬业，以降本增效为己任，永远走在勇于奋斗的路上。

（2）参与式学习（P）：实践体验研方法，劳动精神永弘扬。

教师采用任务驱动、寓教于乐的体验式教学建构知识和技能，让学生沉浸式体验完成订单拣选；学生互评拣选效率，教师鼓励学生取长补短，培养学生的团队协作能力，以及培养学生树立全局系统规划意识，让学生体验实践出真知、劳动创造价值，弘扬劳动精神。

（3）参与式学习（P）：虚拟仿真悟原理，科技创新提效率。

教师发布实训任务，学生利用 3D 虚拟仿真软件实操各种数字技术拣选设备，人机协同完成实训任务，"沉浸式＋交互式"仿真操作，让学生深刻体会数智赋能行业发展，感受自主创新和科技强国的重要性，进一步增强爱国情怀和自豪感。

（4）参与式学习（P）：数智实操练技能，职业规范谨遵守。

学生在实训基地分组完成 1＋X 职业技能等级实操考核，利用 RF 模拟考核系统限时完成考核题目；采用生生互评、生生相长的方法，让学生树立职业安全、规范操作意识，培育专注、细心、严谨的工匠精神。

（5）总结（S）：复盘总结启思考，工匠精神助新质。

教师复盘总结课程知识和学生的实践情况，学生复盘反思个人技能掌握的盲点和误区，并播放"人民工匠"国家荣誉称号获得者许振超的相关视频，启发学生要点滴积累、勇于奋斗、甘于奉献，发扬创新精神和工匠精神助力物流新质生产力发展。

3. 课后拓学：师生同进

后测（P）：课后巩固拓新知，生态物流贯始终。

学生课后完成知识掌握、实践能力、思政表现测试题，教师发布拓展任务，即省职业技能大赛方案设计，各小组完成并上传至平台，关键考核指标为成本、效率、规范，培养学生融会贯通、生态物流贯穿方案始终的能力，让学生学会全局系统思考。

（三）课程思政"三教"改革实践

1. "教师革命"：打造课程思政示范团队

教师队伍是课程思政建设的"主力军"，结合学习型社会建设，结合行业特点及发展趋势，结合区域经济发展要求，结合高技能人才成长规律，教师要深入挖掘课程思政元素，有机融入课程教学，达到润物细无声的育人效果。校企教师团队通过开展典型经验交流、现场教学观摩、教师教学培训等活动，充分利用现代信息技术手段，实现优质资源共享；依托学校教师发展中心和省职业院校教师课程思政教学能力培训项目，深入学习专业教育与思政教育的系统融合方法，使各类课程同向同行，实现协同效应。教师通过课程思政建设项目研究，强化育人意识、找准育人角度、提升育人能力，确保课程思政建设落地、见功见效。

2. "课程革命"：建设课程思政示范课程

课程建设是课程思政建设的"主战场"，高职院校要根据人才培养方案、课程标准制定要求，秉承课程承载思政、思政寓于课程的理念，坚持以学生为中心、以产出为导向、持续改进的原则，聚合行业的国家战略、法律法规和相关政策，把专业课程涉及的科技创新和职业素养等思政元素系统性融入人才培养方案和课程标准中；收集行业大国工匠、国之重器、"时代楷模"、五一劳动奖章获得者、数字技术创新的相关案例，建设课程思政教学资源，包括教案、微课、课件、视频等数字化教学资源，科学合理拓展专业课程的广度、深度，增强课程的知识性、人文性，提升引领性、时代性和开放性，建设典型课程思政示范课，提升学生课程学习体验、学习效果。

3. "课堂革命"：构建课程思政教学模式

课堂建设是课程思政建设的"主渠道"，高职院校要以高职物流类专业课程"物流职业基础与技能实务"为课程思政建设实践载体，结合不同专业人才培养目标、课程特点、思维方法和价值理念，融合"岗课赛证"人才培养模式，结合继续教育学生学习方式多样化的特点，从教学整体设计、教学实施过程、教学团队三个方面进行课程思政教学改革；以学生为主体，以培养服务新质生产力的高素质复合型、应用型、创新型技术技能人才为目标，以社会主义核心价值观为核心，采用"科技创新＋职业素养"双轨驱动的思政集合体，线上线下一体化教学，创新课堂教学模式，构建"三阶八环四评"课程思政教学模式。

第六章 产教融合视角下工匠精神培育及融入人才培养研究

一、引言

工匠精神作为一种精益求精、追求卓越的职业精神，不仅是推动产业升级的重要动力，更是实现"中国制造"向"中国智造"转变的核心要素。工匠精神是一种职业精神、一种品质追求、一种创新动力。工匠精神的培育离不开教育，尤其是离不开职业教育。在产教融合视角下，通过对职业教育现代学徒制和工匠精神内涵的研究发现，现代学徒制是培育工匠精神的前沿阵地，工匠精神是提升人才培养质量的推动力量。高职院校作为培养高素质高技能人才的重要阵地，肩负着为经济社会发展提供人才支撑的重要使命。然而，当前高职院校在人才培养过程中，普遍存在重技能轻素养、重理论轻实践的问题，导致学生缺乏对职业精神的深刻理解和践行能力。在此背景下，如何将工匠精神融入人才培养体系，成为高职院校深化教育改革、提升人才培养质量的重要课题。

当前高职院校在工匠精神培育及融入人才培养方面依然存在一些不足。一是工匠精神的内涵与价值尚未被充分理解和重视，部分师生对其认识存在偏差；二是工匠精神培育与专业课程教学的融合度不足，缺乏系统化的实施路径；三是校企协同育人机制不完善，企业参与工匠精神培育的积极性不高。基于此，本章以产教融合为视角，结合工匠精神的内涵与高职院校智慧物流人才培养的特点，探索工匠精神培育的系统、路径与策略，旨在为高职院校提供操作性强、从理论和实践两个维度加强工匠精神的培养方式，以满足物流强国建设对物流工匠的职业要求。

二、现代学徒制培育工匠精神内涵、原则与途径

当前，服务我国经济发展战略的"一带一路"倡议、"中国制造2025"、"大众创业万众创新"等改革浪潮如星星之火在中国大地上燎原，促进"互联网＋产业"结构调整、企业转型升级。重大宏伟战略目标需要人力和智力的支撑以撬动战略战术的运作，其中更需要能工巧匠、大国工匠和高技能人才。2016年"两会"期间，《政府工作报告》中首次提出工匠精神。全民工匠精神的培育不是一蹴而成的，工匠精神需要一个系统的教育，职业教育对于培养专业性人才的工匠精神十分重要。当下职业教育典型的人才培养模式之一是现代学徒制，2015年8月国家批准165家单位成为首批现代学徒制试点单位和行业试点牵头单位以后，现代学徒制已成为全国大多数高职院校积极探索、实践、深化教育教学改革的风向标，培育铸就工匠精神的原动力。现代学徒制的显著特色是双主体、双导师制、双身份、双教学场所、双考核等，如何针对此特点有效培育、铸就工匠精神是值得深思研究的。

（一）现代学徒制与工匠精神内涵解析

1. 现代学徒制内涵解析

现代学徒制是职业教育改革、深化产教融合的结果，是以古代作坊式

学徒类型为雏形，以学校教育结合企业实践规范运作的一种人才培养制度。其现代性主要表现在符合学生学习规律，借助现代科学技术手段如互联网、人工智能等，开展校企双元主体理实一体化育人模式。2016 年《政府工作报告》中提到，鼓励企业开展个性化定制、柔性化生产，培育精益求精的工匠精神，增品种、提品质、创品牌。从以上可以看出，工匠精神的提出与现代学徒制是相吻合的，二者是相辅相成、相互作用的。

2. 工匠精神内涵解析

关于工匠精神的概念界定至今尚无统一说法，综合专家学者的定义可以概括为劳动者在工作岗位上所表现出来的注重细节、严谨、一丝不苟、精益求精、追求卓越的价值观和精神品质，其形成于内心，展现于产品和服务的品种、品质与品牌，其核心精髓是创新。

工匠精神具有自然属性和社会属性两方面，自然属性是指工匠精神客观存在性，不区分国家、不区分社会政治制度和经济体制；社会属性是指要受到国家政治法律、经济、社会文化、技术等宏观环境和行业企业的文化、制度、技术等微观环境二者的直接或间接的影响。从古至今大国工匠一直被世界各国所推崇，而工匠精神的培育需要充分利用 SWOT 矩阵分析内外部环境。外部环境的发展促使工匠要与时俱进，把握时代的命脉；内部环境中企业经营管理的现状与发展促使工匠主动变劣势为优势，提升企业核心竞争力。为了准确理解工匠精神的内涵，可以从文化角度入手进行分析，如图 6-1 所示。

1）精神层：创品牌

精神层是工匠精神的核心层次，是员工对企业宗旨、企业愿景和经营哲学的认同，是个人价值观的再次升华，是扎根于内心指导行为的准则，是经过一定时期的本职生产与服务岗位的实践过程所形成的行为观念和精神理念。相比较于制度层和物质层来说，精神层是一种更深层次的心理、思想、意识的综合精神理念。工匠精神是无形的，品牌是无形资产，作为社会大系统、企业子系统的一分子，员工要有为产品服务，为企业、为国家创品牌的信仰。

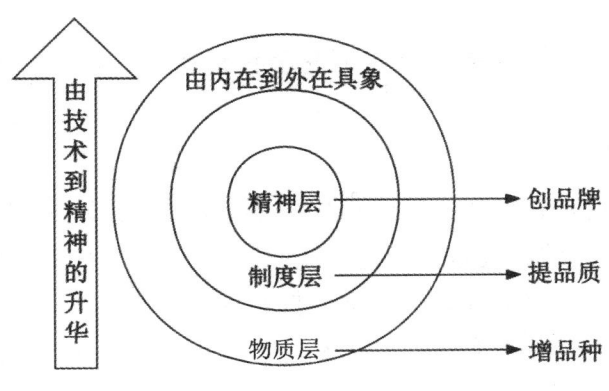

图 6-1　工匠精神三个层次

2）制度层：提品质

制度层是工匠精神的第二层次，是精神层和物质层的媒介。员工成为"工"、成为"匠"，是在国家制度和企业制度的双重制度文化的肥沃土壤中孕育和培养的，才能保证工匠精神世代传承。工匠精神的制度层是员工与社会运转、与企业运营的有机结合，是约束员工行为的规范性标准。其主要包括国家层面的人才体制改革、就业保障制度、人才政策等，企业层面的物质奖励、职位晋升通道、薪酬制度、劳动关系管理、绩效管理等规章制度。使人人崇尚工匠职业，创品牌要靠提品质，因此员工要以提升产品或服务品质为使命。

3）物质层：增品种

物质层是工匠精神的最外层，是由员工创造的各种产品和创新的各种有形物质等构成的可以看得见摸得着的物质形态。员工生产的产品和提供的服务是个人工作业绩的成果表现，如各种利用新技术、新材料、新方法研发生产的性能、规格、款式、颜色等满足需求的优质产品，以及微笑、延伸增值等服务。

内在精神依赖中间制度，决定外在物质，从内到外的三个层次是良性循环的过程，是企业与个人价值目标相统一的过程，是个人思想与行为相统一的过程，是个体从事社会实践的升华。工匠精神的培养需要正确理解这三个层次的内涵。

（二）现代学徒制有效培育工匠精神特性

1. "三创"性

工匠精神的核心是创新，为了有效对接工匠精神，现代学徒制的人才培养模式是要以创意、创新与创业为原则，指导学生在学校实践实训课程中和在企业跟着师傅进行岗位实操时要主动思考，结合个人所掌握的专业知识和技能，充分利用现代科学技术大胆尝试，形成创意想法，敢于实验论证创新岗位流程、技术方法、管理方式等，不断总结，勇于实践。同时学校与企业要共同为学生提供借助于科技信息的现代化创业平台，如校园创客空间、创业孵化工程等项目。

2. "三效"性

工匠精神是实现产品和服务质量及效益的前提条件，只有效率提高，控制工作过程取得良好效果，效益才能实现。这里主要强调实现产品和服务品牌、品质、品种的目标要求要以关注质量和效益为核心。传统的工匠是手艺人孜孜不倦地精雕细琢工艺产品，现代的工匠是要以对产品或服务的精益求精为导向，所以在实验、实训、实习中"双师型"教师队伍要引导学生树立质量意识、创新意识、效益意识，以塑造创新精神和工匠精神为目标。

3. "三专"性

在认识实习、跟岗实习阶段专心于某一岗位，即专心学习岗位的工艺流程、技术、方法等，在师傅的指导下精神高度集中于操作业务，提高处理业务的质量，并善于总结发现提炼优质的工作方法和技巧，主要培养专心、专注和严谨的态度。专长是在顶岗实习阶段通过独立上岗操作形成自我优势，形成无可替代的非权力、影响力的专长权，当然这是一个较长的不断实践、总结、创新的过程。

（三）现代学徒制有效培育工匠精神指导原则

工匠精神作为社会文化与企业文化的宏微观有机结合在从业者身上得以体现，其培育的指导思想要遵循社会文化的渊源和企业文化建设的固有规律，工匠精神是在国家的传统文化视域和个人的职业精神特质的基础上，在内外产品或服务品质文化交流中，通过不断思索、不断践行去实现价值理性与技术理性相统一的。因此，工匠精神的培养要以"三个结合"为指导原则。

1. 传承与发展相结合

自古以来，我国涌现了一批批的能工巧匠，学徒要传承的不仅仅是精湛技艺，特质工匠精神的传承需要言传身教，在师傅指导学徒的技术技能中，"工匠灵魂"展现了师傅对于工作质量的不断追求，用心领悟、植根于内心、表现于工作行为、展现于成果。传承是发展的基础，发展是传承的延续，二者不可分割、相互促进。传承历史悠久、文明古国的工匠精神是走向辉煌的坚强后盾，在科技日益突飞猛进的今天，纵观我匡国情、民情、产情、企情，在大数据信息化、经济常态化、制造智能化的引领下，我们要以广义的视角发展和弘扬工匠精神，使其生命力无穷无尽并独具特色。

2. 借鉴与创新相结合

借鉴作为工匠精神的自然属性，有着悠久的历史溯源，工匠精神无国界，自古有之，各国的工匠精神在长期的实践中，"拿来主义"与创新主义并存，去粗存精、去劣存优，相互汲取、相互转化借鉴，形成精益求精、始终如一、追求卓越的精神品质。创新是工匠精神的社会属性，由于各国的社会制度和文化背景不同，在借鉴的基础上创新，即要依据我国职业者的现状创新工匠精神培育的方式方法，并由政府层面配套与之相关的法律法规、政策等；企业层面要革新文化、规章制度、人力资源管理制度等使职业者主动终身奉献，成为乐业、敬业、精业的引领者。

3. 理念与实践相结合

工匠精神作为个体的职业理念与职业精神，具有很强的系统性、如一性和实践性。"理念在心终觉浅，绝知此事要躬行"是工匠精神培育的本质要求。理念与实践的结合是科学性与艺术性的统一，精神理念的构建既要遵循物质发展的本身属性和自然规律，也要充分与实践相结合，个体要通过实践深刻体验理念的内涵。

（四）现代学徒制有效培育工匠精神途径

工匠精神的培育是长期复杂的过程，要从精神层到制度层到物质层逐步实现。现代学徒制人才培养模式是助推工匠精神养成的催化剂，因此要使实施现代学徒制的各要素与工匠精神对接，使工匠精神培育硕果累累，使现代学徒制成为职业教育培养模式典范。

1. 选聘具备工匠精神的双导师队伍

双导师是培育工匠精神的灵魂人物，是工匠精神的传播者、倡导者和管理者，是宣传倡导、贯彻落实工匠精神的中坚力量。工匠精神双导师要在培育工匠精神中起到示范和表率的作用。工匠精神的养成是以学习为过程，双导师的言行会被学生模仿，以身教向学生灌输工匠精神价值观能发挥更大作用。因此双导师的选拔与考核评价要以工匠精神为首要指标，采取一票否决制，具备工匠精神的双导师才能有效传授技术技能，并发挥到极致。

2. 构建培育工匠精神的专业课程体系

工匠精神的培育不是靠一门课程或某一项技术，而是渗透于整个专业课程体系中，具有全面性、渐进性、持久性等特点。课程体系的构建要以工匠精神的三个文化层次为蓝本融入公共基础课程和专业课程中，同时课程内容、时间、教学场地的安排要制定组织实施教学管理制度，保证从培养学生技术理性与价值理性来实现对工匠精神的思维理性认知；在以上基础上开展专业核心技术课程培养职业能力以保障工匠精神物质层的实现，所以课程体系是以以培育工匠精神为核心的教学做养练五位一体的课程设计、项目设计和单元设计为导向进行构建的。

3. 创设培育践行工匠精神的教学环境

工匠精神是无形的精神思维、意识理念，是看不见摸不着的，但是理念要知行合一、外化于行为，这就需要高职院校创设教学环境。按照课程体系设计的要求，教学场地要无缝对接企业工作场地，校内实验、实训教学场地与企业实习岗位工作场地的建设和布局要充分展现工匠精神的文化氛围，以创品牌、提品质、增品种为行为目标，以8S现场管理为标准，制定严格场地管理制度、安全与防范教育、操作流程程序，正确使用机器设备和工具，事前、事中、事后全过程指挥、监督、控制学生的行为符合工匠精神的要求。

4. 保障工匠精神无缝对接的双身份

在现代学徒制人才培养模式下，学生自入学就与合作企业签订劳动合同，拥有了学生、员工双重身份，在三年的校企共同培养过程中，受到校企双重工匠精神文化熏陶，学生能够深刻理解自我双重使命，更加体会到作为新时代工匠精神的传承者要全面发展自我，遵守职业道德，反复练习实训项目任务，实习过程从实从严要求，使工匠精神的价值意蕴内化于意识、思想、态度，外化于行为过程，展现于优质工作结果，争当技能大赛、企业业务的排头兵。

5. 制定扎实工匠精神的工匠制度

工匠精神的有效培育不能流于口头形式，要有相应的制度促进工匠精神的践行，工匠制度是落实工匠精神的后盾力量。制度的制定要从国家层面提升工匠地位，改革创新机制政策，落实技工晋升渠道；企业层面要规避人才选聘的弊端，不唯学历凭能力，改革加大薪酬激励制度。那么学生势必全身心投入学习工作中，努力践行工匠精神。

三、现代学徒制构建工匠精神培育过程

工匠精神是劳动者思维意识发展的最高境界，是劳动者职业生涯拼搏和自我实现需要的精神动力和行动方针，具备工匠精神的人才是撬动我国宏伟战略目标实现的有力支点。前国家科技部部长万钢曾表示，工匠精神的培育靠系统的教育，要从职业教育抓起。职业教育是培育工匠精神的摇篮。工匠精神培育是现代学徒制人才培养模式的固有内容，应贯穿于现代学徒制人才培养的全过程。职业院校如何在实施现代学徒制人才培养过程中培育学生的工匠精神是一项重要的实战课题。

（一）现代学徒制构建工匠精神背景分析

教育部印发的《关于深化职业教育教学改革全面提高人才培养质量的若干意见》中指出，积极推动校企联合招生、联合培养、一体化育人的现代学徒制试点。现代学徒制是在借鉴德国、英国、澳大利亚、瑞士等国家学徒制的基础上，改革我国传统学徒模式而提出的适合我国国情、具有中国特色的现代"学徒＋职业教育"的人才培养制度。2015 年 8 月开展现代学徒制试点以来，已有越来越多的职业院校在校企合作、工学结合的基础上探索实施现代学徒制。中共中央、国务院印发的《教育强国建设规划纲要（2024—2035 年）》中指出，弘扬劳模精神、劳动精神、工匠精神，形成人人皆可成才、人人尽展其才的良好环境。

然而目前高职院校学生存在工匠精神缺失问题，具体原因主要体现在两方面。一是校企合作、工学结合一直以来是职业院校人才培养模式的典范，通过校企"零距离"对接加强学生在企业实践中技能与职业精神的锻炼，接受产业文化、企业文化和职业文化的熏陶，但是在具体实施中依然存在专业教学过程与生产过程的非同步化，无法满足市场人才需求，缺乏有效校企对接机制和行业职业标准，在实践过程中无法深刻进行工匠精神的践行。二是校园文化依然是高职院校的短板，学校一味重视技能培养，

对于体现工匠精神的思想政治、人文精神教育边缘化；学校在弘扬工匠精神上缺乏制度层面和物质层面的设计与实施。从以上两方面可以看出，工匠精神要进行系统的、全面的培育。现代学徒制人才培养模式具有校企双主体、学生双身份、教师队伍双导师制等特点，面向各行各业、面向人人的工匠精神需要充分利用现代学徒制的特点，使工匠精神培育与现代学徒制人才培养过程相融合、相契合。因此高职院校需要构建以工匠精神为核心的培育主体、实践载体、基础、效果和目标等要素系统。

（二）新时代工匠精神的内涵及核心思想

1. 工匠精神内涵

仁者见仁，智者见智，目前学术界对工匠精神尚无统一界定。在查阅相关文献资料的基础上，可以用一个等式来表述，即"工匠精神＝职业素养＋技术＋能力"，具体描述为工匠精神是职业人对所从事职业的正确态度、价值观和行为表现，树立正确职业精神和人生观，并在工作岗位上持续创新的精神意识和理念。工匠精神在企业文化渲染下包含三个层次，即精神层——心里内生的职业精神和理念；制度层——精神层外化的制度保障；物质层——精神层、制度层落实的物质外在结果，其中精神层是核心层。

2. 工匠精神核心思想

新时期工匠精神的核心思想是爱岗敬业、精益求精、持续创新、服务社会。其内涵如下。

爱岗敬业：热爱本职工作，以工作岗位内容和职责为核心，为提升产品品质与服务满意度在专业领域坚持不懈、一丝不苟，充满强烈的事业心和责任感，具备忠于职守的职业道德与工作态度。

精益求精："没有最好，只有更好"是工匠的座右铭，在产品生产与服务流程上关注细节，精雕细琢，追求卓越；以质量和效益为宗旨，追求质量从99%到99.99%的提升，致力于实现"零缺陷、零误差、零投诉"的发展目标，不断提高产品或服务的品质和品牌影响力。

持续创新：创新是工匠精神的本质体现，持续创新是培育工匠精神的原动力，也是工匠精神的精髓；表现为具备制度创新、管理创新、方法创新、技术创新等创新意识、思维和行为，内心拥有一股始终坚守、克服困难挖掘自我创新潜力的驱使力量。

服务社会：服务社会存在于工匠的主观意识和社会文明进步的客观要求中，在工作岗位上始终树立服务社会意识，明确个人创造社会财富价值，勇于承担社会责任，发扬以小我服务社会、服务人民的精神，做让人民满意的好公民。

（三）现代学徒制构建工匠精神现实意义

工匠精神的培育离不开职业教育，更离不开现代学徒制。"现代学徒制＋工匠精神"能有效推动职业教育教学改革的深化，是培养工匠以质量求数量的转折点。现代学徒制培育工匠精神着重于"工匠意识→工匠态度→工匠行为→工匠习惯→工匠精神"的有序过程，最终落脚点是使学徒具备合格的工匠身份，同时具有工匠精神。因此，现代学徒制对于培育工匠精神来说意义非凡。

1. 服务经济发展和供给侧结构性改革

国家发展战略需要行业企业的发展，行业企业的前进依赖于人才，技术技能人才的缺口和人力成本的高居不下是制约企业发展的原因。改善窘境的根本措施是提升从业者的职业核心能力、核心职业能力及职业素养。在学生接受职业教育时，培养和铸就其工匠精神的主要途径是现代学徒制，现代学徒制人才培养模式以服务经济发展为核心，以科学锐意进取的时代精神为导向，在人才供给方面为供给侧结构性改革助力。

2. 推动培养创新创业人才

工匠精神不再是传统意义上工业的专属，而是深入各行各业中，面向人人的工匠精神。创业者、创新者是工匠精神的化身，社会产业调整、科学技术日新月异、企业转型升级、生产工艺和业务流程发生实质性改变，以及消费者对产品服务的个性化需求与日递增，但唯一不变的就是支撑人力资源的精神动力。信息化、智能化主体依然是人，匠人是横向技能与纵向职业素养的综合体，工匠精神是大众创业万众创新的助推利器。

3. 提升就业核心竞争力

"现代学徒制＋工匠精神"成为产教融合人才培养的重要模式。近些年各职业院校纷纷推进现代学徒制的人才培养模式改革，取得了实质性成绩，如清远职业技术学院的现代学徒制"伊丽莎白美容班"的实施质量与效果良好，已成为高职院校的标杆。现代学徒制培育工匠精神能够有效解决学生进入企业时的企业文化断层问题，工匠精神与企业文化是相融合的，能在学生职业生涯中发挥长效功能，有效提升职业院校毕业生的就业核心竞争力。

4. 明确工匠精神价值意蕴

德才兼备、以德为先和德艺双馨一直是业界衡量人才的标准，立德树人、全面发展是职业教育教学改革的首要原则，工匠精神正是立德树人的升华诠释。技术技能的培养可以通过三年的校企学习和实习获得，但是工匠精神的培育是长期的实践、塑造，再实践、再塑造的过程。在校企共同培育下学生已深谙工匠精神价值意蕴，为成为具有工匠精神的匠人打下基础，保证职前、职中、职后全过程的素质与技能的提升，并发挥长效作用。

（四）现代学徒制构建工匠精神培育系统

1. 工匠精神培育系统构成

工匠精神是影响产品或服务品质、创新服务方式、创立品牌的关键条件，在现代学徒制人才培养模式中影响工匠精神培育的因素有很多，这些因素之间相互影响、相互依赖。应用系统的观点甄别这些因素，明确各因素之间的关系，进而构建有效的工匠精神培育系统。

工匠精神培育系统是一个三维结构，如图 6-2 所示，包括培育途径、工匠精神、工匠层次（职业资格等级）三维要素。可以把锥体想象成校企双主体培养组织，那么，锥体的中心就是培养目标——工匠精神核心，距离这个核心越近，对关键条件的影响越大。正是工匠精神核心的存在，纵向层次反映了一个人所具有的工匠精神程度，在同一工匠等级由外围向内圈水平移动，工匠精神程度由低到高接近该层次的工匠精神核心。锥体的顶端对应具备高级职业资格的高级工匠，锥体的中间对应具备中级职业资格的中级工匠，锥体的底层对应具备初级职业资格的初级工匠。在图 6-2 中，工匠精神培育系统的培养途径领域包括现代学徒制人才培养的各个方面，即双导师队伍、课程体系、职业技能大赛、创新创业、企业实习、校内实训等。这些构成要素以现代学徒制人才培养为基础，是培养工匠精神的外在保障。这些要素是相互依赖、相互融合、缺一不可的。工匠精神的培育

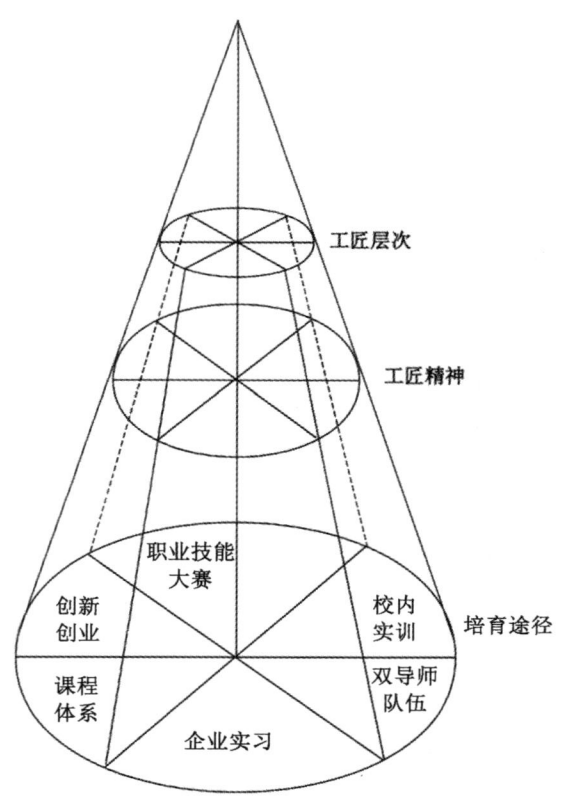

图 6-2　工匠精神培育系统

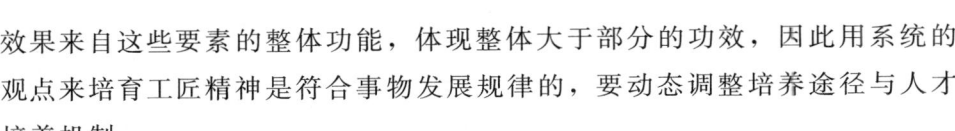

效果来自这些要素的整体功能，体现整体大于部分的功效，因此用系统的观点来培育工匠精神是符合事物发展规律的，要动态调整培养途径与人才培养机制。

2. 工匠精神培育支撑要素解析

1）工匠精神培育主体——双导师队伍

现代学徒制的双导师制为工匠精神的培育提供了校企无缝对接、校企共同育人的人力支撑，是校企双主体工学交替中工匠精神培育系统的核心。学校导师是工匠精神认知和实践的实施者，在课程中渗透，在实训中指导，在实习中鼓励支持，成为学生全面深刻认知并实践工匠精神的领路人。学校导师在课堂上表现出的非权力影响力如专长权、敬业权、追求优质权等的工匠精神深刻影响学生的心理和行为。企业能工巧匠成为现代学徒制的企业导师（师傅），能够灵活控制传授技能的节奏，同时对于质量的衡量标准以及工作内容程序、职业能力要求、工作结果、工作责任言传身教，是把工匠精神从精神层转化为物质层的关键角色。因此双导师队伍的建设要从严从实，把具备职业生涯工匠精神作为建设的基本目标。

2）工匠精神培育学校载体——校内实训

为了保证实践教学的质量，学校要以职业能力和工匠精神为核心，遵循学生学习规律，以岗位的实践能力为本位，以学生掌握社会能力、学习能力、方法能力为目标，按照技术技能训练与工匠精神培育的要求，系统设计实训体系，明确各实训课程项目培育工匠精神的切入点，分解工匠精神培育的要点。校内实训包括了模拟实训和生产性实训，在实施过程中要展现出对工匠精神的践行，从注重细节到严谨再到一丝不苟。评价考核实训成绩要以"工匠精神＋技能＋能力"为一级考核指标，校内实训要与企业生产过程对接。

3）工匠精神培育企业载体——企业实习

企业实习的过程是"认识实习→跟岗实习→顶岗实习"三阶段递进式推进的，实习目标是精益求精、品质卓越。在企业认识实习阶段由校内导师和企业导师共同进行岗位的理论和实务讲授，学生接触到企业真实工作岗位、场景、氛围，认识理解相关岗位，受到企业文化的熏陶；在跟岗实习阶段企业导师边指导，学生边实践；在顶岗实习阶段完全由学生自己完成岗位工作，承担工作职责。企业导师的潜移默化、学生的耳濡目染促成了学生对工匠精神从潜意识的认知到实操中的践行。现代学徒制工学交替实现了在学校对理论认知的感性理解与真实岗位理性操作的统一，从模拟到实操的升华，也是职业道德到工匠精神质的飞跃。

4）工匠精神培育基础——课程体系

现代学徒制的课程体系是培育工匠精神的现实基础，课程体系的构建与学习安排要符合职业能力发展的规律，即学习者从新手到专家的过渡。学习的过程可以充分利用美国加利福尼亚大学莱夫和温格的情境学习理论，即从边缘性参与到完全参与，从狭窄职务范围到广泛职务范围，从频繁的循环重复到较少的循环重复。课程体系包含公共基础课程和专业课程，课程先后顺序要以工匠精神的三个层次递进关系设置。公共基础课程以培育工匠精神的精神层为目的，如思政课程从培养学生技术理性与价值理性来实现其对工匠精神的思维理性认知，专业课程在工匠精神制度层的保障下培养职业能力以保障工匠精神物质层的实现。

5）工匠精神培育效果——职业技能大赛

职业技能大赛是检验工匠精神培育效果的有效途径，是学生展示自我、战胜自我、完善自我的练武场，也是学校向社会展示工匠精神培育硕果的大舞台。职业技能大赛以检验学生综合职业能力和工匠精神实践为核心，大赛级别有校级、市级、省级、国家级、世界级，无论舞台大小，工匠精神始终如一；职业技能大赛推出专业技能达人，市、省、世界级工匠大师等系列称号，并辅以物质和精神激励制度，可形成人人争先的良好局面。

6）工匠精神培育目标——创新创业

大众创业万众创新是深化经济体制改革、推动经济发展的战略举措，工匠精神的核心是创新精神、大众创业万众创新的有效支撑。2015年国务院办公厅印发的《关于深化高等学校创新创业教育改革的实施意见》中明确了高职高专、本科、研究生创新创业教育目标要求，使创新精神、创新意识和创新创业能力成为评价人才培养的重要指标。工匠精神是创新创业成功的基础与保障。高等职业院校是培育工匠精神的前沿阵地，开展创新创业教育，要以深化专业知识、职业技能与素养内涵为切入点，使学生形成创新精神和创业意识，提升学生的创业能力；建立创新创业教育人才培养目标、课程体系、实施平台，举办创新创业大赛，充分利用"互联网＋"使创新创业线上线下一体化。创新创业教育体系是学生深刻体验领悟实践工匠精神精髓、实现培育目标的高效手段，工匠精神培育的目标之一就是培育学生的创新创业能力。

3. 工匠精神培育系统运行质量保障

工匠精神培育系统有效有序运行，必须具备多元诊断、持续改进的内部质量保证体系。体系运行过程是一个基于领导力驱动的"体系策划—支持运行—绩效诊断—持续改进"的循环过程，其关键点在于以下几个方面。

1）创建工匠精神环境

一是从宏观层面制定落实相关政策，完善健全相应法律法规，普及工匠文化。二是从微观层面需要学校与企业以"同呼吸、共命运"的共生共利合作发展为目标，学校要依据培育途径建立相应培育工匠精神的教学管理体系，如营造工匠精神氛围、定期组织安排系列讲座、制定开展职业技能比赛管理办法、制定评聘具备工匠精神的"双师型"教师队伍等的方法，形成可操作性、可衡量性、可定量化的质量评价指标体系；企业要建设符合自身特色的工匠文化，在此基础上建立完善的技术技能人才制度，如人才的选拔、引进、培训、晋升、薪酬、绩效考评制度等，为培育工匠精神创造条件。

2）应用 PDCA 质量环

应用 PDCA 质量环明确培育质量要求，制定工匠精神培育计划，包含培育目标、过程、途径、标准；按照培育计划运行工匠精神培育的各要素；在运行过程中检查系统运行情况，衡量绩效是否符合计划预期效果；实施工匠精神培育的标准化管理，如有偏差则进入下一个 PDCA 循环进行纠正处理。如此周而复始不断优化，培育系统运行质量呈螺旋式上升，最终形成较为成熟、完善、可推广的基于现代学徒制的工匠精神培育系统模式。

四、工匠精神融入现代物流管理专业人才培养研究

随着现代智慧物流的迅速发展，高职院校人才无法满足企业的需求，

企业需要更多技术技能型工匠。学校要树立工匠精神在人才培养中具有举足轻重的作用的思想，通过典型现代学徒制培养模式，在现代物流管理专业人才的培养过程中以培养物流行业一线的高质量技术技能型人才为目标，注重学生工匠精神的培育，使学生严谨务实、脚踏实地学习理论知识和实践技能。

习近平总书记对我国选手在第 45 届世界技能大赛取得的佳绩做出重要指示时强调，弘扬精益求精的工匠精神，激励广大青年走技能成才、技能报国之路。高职院校要更加担负起和牢记为国家培养高素质技术技能型人才的重任和使命。《国家职业教育改革实施方案》指出"借鉴'双元制'等模式，总结现代学徒制和企业新型学徒制试点经验，校企共同研究制定人才培养方案，及时将新技术、新工艺、新规范纳入教学标准和教学内容，强化学生实习实训""宣传展示大国工匠、能工巧匠和高素质劳动者的事迹和形象，培育和传承好工匠精神"。现代学徒制 2015 年 8 月开展试点以来，全国已有包括行业组织、企业、高职院校、中职院校等在内的 562 家单位获得教育部试点资格，同时全国各地大部分职业院校已成为省级试点。因此充分利用现代学徒制试点成果成效把工匠精神融入专业人才培养是现代职业教育改革发展的重要课题。

（一）工匠精神融入专业人才培养背景分析

世界上的工业制造强国都特别重视工匠精神。日本长寿企业的数量居全球之首，拥有百年历史的企业就有 2 万多家。日本职业文化之中的"职人精神"与"师徒制"传承，是日本企业长寿的秘诀。德国职业教育是各国学习的标杆，德国把现代学徒制叫作双元制，教学以工学交替的形式分别在企业和学校两个场所交替完成。在校期间所培养的工匠精神，已经厚植在学生的行为习惯之中，为德国工业 4.0 的实现打下良好基础。

当前我国服务国家经济高质量发展的"中国制造 2025"、"一带一路"倡议、粤港澳大湾区建设等战略目标的实现都需要大量的技术技能型人才，需要成千上万的具有工匠精神的劳动者给予技术技能和概念技能支撑。高职院校作为人才培养的"主阵地"需要大力弘扬和培育学生成为当下新时代的少年工匠楷模。因此工匠精神不仅仅是口号，要落实到教学过程中，全员、全过程、全方位精准培育。以培育少年工匠为目标，工匠精神进校园进课堂进头脑，分析当前高职院校对工匠精神的培育存在的问题，进而提出现代学徒制背景下工匠精神与人才培养方案的有效融合是解决问题的关键，是发挥校企共同体作用的有效途径，通过人才培养制度与文化的协同效应实现工匠精神培育。

（二）工匠精神融入现代物流管理专业人才培养现状

在中国知网以"现代学徒制"和"工匠精神"为主题搜索出期刊论文607篇，分析出高职院校现代学徒制下培育工匠精神存在的困难主要有以下方面。一是现代学徒制的实施和学生工匠精神的培育过程中，面临的主要问题在于社会宏微观环境的影响，企业发挥主体效能作用不高，学校组织实施存在执行不到位、缺乏有效法律和制度保障，行业中介机构融合校企资源优势方面不成熟。二是工匠精神目标实现存在困难，现代学徒制形式大于实质，工匠型师资队伍配置缺乏。三是人才培养中学生的职业核心素养有待提高，职业价值观个体利益深厚，缺乏大局意识。以"工匠精神"和"物流管理"为主题搜索出期刊论文62篇，综合观点是培育高职物流管理人才工匠精神存在的问题是校园工匠精神文化氛围不浓，文化建设滞后，人才培养过程中缺少工匠精神的培育，校企合作共育工匠精神的融合度不深入；学生个体职业发展的自我价值实现需要具有工匠精神。

（三）工匠精神融入现代物流管理专业人才培养途径研究

现代学徒制是校企双元育人模式，在人才培养过程中具有双身份、双导师、双课程、双教材、双实训基地等特点，工匠精神融入现代物流管理专业人才培养模式中就要结合校企双元特色，有机构建、有机融合、有机实施。下面以我校现代物流管理专业为例从五个方面进行阐述。

1. 文化引领工匠精神培育

工匠精神培育要注重文化的作用，文化建设一般包括了精神层、制度层和物质层，精神层是思想意识的深刻认识领悟指导行为实践，所以首先要把工匠精神作为校企共同制定培养目标的根本指导思想，扎根于学生的头脑和内心；其次在制度层，校企双元培养要形成工匠精神培育制度促进和规范导师言行；最后是物质层的展示，如校企利用橱窗、展板、广播、景观布置等方式宣传，组织大国工匠进校园活动，利用移动终端进行优秀校友工匠、企业大国工匠的风采宣传等手段，让工匠文化引领工匠精神培育。

2. 课程丰富工匠精神形式

课程体系设置精准对接专业的培养目标、职业能力，课程体系构建基于培养复合型高素质技术技能型人才，从基础知识到核心技能，围绕核心职业能力多元化的角度精准对接育人要求。课程体系实践教学要注重培育学生工匠精神的循序渐进，通过目标管理分析培育目标，学生知识和技能的掌握由单一到多元逐步提升。比如在"仓储管理"课程中，学生严谨操作物流设备，精准完成储位规划、入库上架、货物分拣等工作任务；在"国际货运代理"课程中，学生树立为客户服务的意识，在真实业务中做到细致认真，如在为船运公司补充货物详细内容及对单时仔细填写货物名称、委托方信息、货物包装数量、毛重等信息，一旦错误将为报关提货等后续工作带来困难。

3. 建设工匠之师教学团队

立德树人是人才培养的根本任务，双导师教学队伍首先要把握工匠精神的精益求精的核心思想，教师队伍建设要严格进行选拔、评聘和考核评价，以以德为先、德技并重、德艺双馨为核心指标，保证教师队伍的言传身教、率先垂范对学生思想行为方面的影响作用。校企双导师要互相学习，共建共享教学设计、教学方法、教学成果，互联互通，实现人才培养目标，同时根据智慧物流理念大力倡导绿色物流理论与实践。双导师队伍经过不断地相互磨合、共同提升知识和技能成为现代学徒制的核心要素——工匠之师。工匠之师是培育少年工匠、大国工匠的灵魂，是铸魂育匠的引领者，所以把工匠精神融入现代物流管理专业要能够组织物流领域的能工巧匠成为工匠之师。

4. 职业岗位深化践行工匠精神

职业能力基于工作流程，充分挖掘岗位需要的知识和技能，学校通过职业能力分析，在课程体系构建、课程设置方面更加符合行业发展、企业人才需求，进一步针对性地指导教师在教学手段、教学方式上的改进。职业技能深化践行工匠精神要遵循岗位认知、跟岗实践、顶岗实习的科学规律。学生在学校阶段对于工匠精神的感性认知、实践和企业的三阶段实习过程中的理性领会和行为体现是工匠精神培育行之有效的保证。在此过程中校企要牢牢掌握现代学徒制本质特点，层层分解职业技能涵盖的工匠精神在教学知识和技能中的意识形态和行动贯彻。

5. 培育少年工匠之综合素养

大众创业万众创新的提出大大激发了青年学子在校充分发挥专业特长，在行业领域内创业创新。现代物流管理专业学生通过借助校级创新创业大赛平台，充分利用互联网技术、方法和思维寻求突破和创新；通过文案的设计撰写、项目的商业模式分析大大提升了学生成为少年工匠的综合素质。校级、省级、国家级职业技能大赛的层层选拔，让学生在职业素养和技能上更上一层楼，同时也展现了专业工匠精神。我校现代物流管理专业学生曾获得报关技能赛项省赛一等奖、国赛三等奖，智慧物流作业方案设计与实施赛项省赛二等奖等殊荣。这些充分肯定了专业人才培养模式要对接创新创业教育和技能大赛，使学生更加认识自身价值、满足自我实现需求、身体力行工匠精神，借助校企现代学徒制平台成为少年工匠，进而实现大国工匠的理想。

现代学徒制背景下工匠精神融入专业人才培养是充分贯彻国家职业教育改革方案的有力支撑，工匠精神进校园进课堂进头脑是提升学生核心素养的有力手段，让学生凝聚匠人匠心牢记大学生使命，校企形成命运共同体使学生树立技能成才、技能报国的伟大理想。

五、产教融合视角下校企协同培育工匠精神研究与实践

习近平总书记在党的十九大报告提出要"建设知识型、技能型、创新型劳动者大军,弘扬劳模精神和工匠精神,营造劳动光荣的社会风尚和精益求精的敬业风气"。这为职业院校人才培养目标的确立指明了方向。工匠精神的培育已成为国家教育发展战略的愿景和使命。建设新时代中国特色社会主义需要大批的大国工匠,离不开职业教育。职业院校是培养具有工匠精神的知识型、技能型、创新型劳动者大军的"主阵地",要主动承担起新时代赋予的历史使命和责任担当,探索和实践工匠精神培育的有效途径。

(一)产教融合视角下培育工匠精神背景分析

习近平总书记在党的二十大报告中指出要"推进职普融通、产教融合、科教融汇,优化职业教育类型定位"。产教融合使产业与教育融为一体,从当前的融合看,职业教育与产业教育的融合更多是办学融合、教学融合、教育产品融合等。《国务院办公厅关于深化产教融合的若干意见》指出"深化全日制职业学校办学体制改革,在技术性、实践性较强的专业,全面推行现代学徒制和企业新型学徒制"。《教育部关于开展现代学徒制试点工作的意见》中指出,建立现代学徒制是深化产教融合、校企合作,推进工学结合、知行合一的有效途径。现代学徒制是当下现代职业教育深化产教融合、校企合作,创新技术技能的典型人才培养模式。全国已有包括行业组织、企业、中高职院校等在内的 562 家单位获得教育部试点资格,同时全国各地大部分职业院校已成为省级试点。现代学徒制广泛开展试点充分解决了供给与产业需求之间在人才培养结构与质量上的矛盾,显著提升了高等职业教育服务经济发展战略和产业转型升级的贡献。

新时代我国经济已迈向高质量发展,经济的高质量发展离不开企业的发展,企业发展需要智慧人力资源,人力资源的培养途径主要是职业教育,

职业教育是培养高质量技术技能型人才的中流砥柱。中国是制造业大国，但此时还不是制造业强国。从"中国制造"到"中国智造"到"中国质造"还任重道远，做大做强中国制造业，说到底就是提升中国制造的技术含量和质量水平，工匠精神需要贯穿始终。因此为贯彻落实党的二十大精神，深化产教融合、校企合作，全面提升人力资源质量，高职院校要从理念上推进改革，才能真正成为培养具备工匠精神人才的基地，成为培育大国工匠的摇篮，为实现创新驱动发展战略、"中国制造2025"、"一带一路"倡议和供给侧结构性改革提供高质量技术技能型人才保障。

（二）产教融合视角下高职院校工匠精神培育现状

本书通过文献分析和调查研究等方法充分分析了新时代产教融合背景下高职院校工匠精神培育现状，各位学者的观点主要集中在以下三个方面。

1. 工匠精神缺乏文化自信和有效激励

高职院校要运用习近平新时代中国特色社会主义思想铸魂育人，坚定文化自信，把培育工匠精神作为提升人才培养质量的关键。然而大多数高职院校在职业能力、职业素质和职业价值观方面集中表现为崇尚技能轻精神建设，对于工匠精神的强大作用并不重视，形式大于实质，仅口号式宣传，无方案落实培育工匠精神行动开展。即使是在课程实践、实训、实习中教师有口头提到工匠精神也无有效激励手段，学生对于工匠精神思想也仅停留于认知阶段，没有更深层次的体会与践行的心理需要，明显是激励力不足。

2. 工匠精神培育体系缺乏有效深入实践

营造良好的工匠精神氛围需要遵循从宏观到微观、从外部到内部的规律。目前高职院校在对于环境对工匠精神培育质量的影响方面认识不足、分析不到位，更多的是把国家关于工匠精神的政策文件进行理论学习，未充分结合专业的差异化有针对性地进行工匠精神的有效呈现和培育途径、考核体系的建立。学校内部环境的工匠精神培育管理机制在精神层面、制度层面、物质层面上未形成系统标准化质量文件。

3. 工匠精神培育未形成校企命运共同体

产教融合、校企合作是职业院校培育工匠精神的必由之路，校企要形成命运共同体。然而工匠精神培育指标的制定、考核等依旧是校企"两张皮"，对于职业胜任力、职业能力培养方法，课程体系构建，实习基地的规范化等在定义、执行、评价等方面还比较笼统和不全面，停留在定性层面；学生双身份的切换受环境影响缺乏思想、行为实践的统一；工匠之师队伍建设也是各自为政，无选聘、培训、考核等科学管理环节，尤其是企业导师在工作岗位内容上的指导方法和手段主观意识强烈，未经专业培训。总而言之，校企缺乏共赢目标的建立，未能有效形成命运共同体。

（三）产教融合视角下校企协同培育工匠精神途径

1. 校企协同培育工匠精神环境创设

工匠精神培育环境包括了外部环境和内部环境。外部宏观环境，主要是国家在经济、技术、政治法律、社会与心理环境等方面对于工匠精神的弘扬与培育氛围。目前我国经济发展战略中提倡大力弘扬工匠精神，社会上涌现了一批批大国工匠，《关于提高技术工人待遇的意见》明确肯定了技术技能人才的社会地位，社会上形成了崇尚技术、发扬工匠精神的新风尚。外部中观环境，行业产业在整个社会背景下进一步落实弘扬和培育工匠精神，第一、二、三产业取得的辉煌成绩、国之重器的建设离不开具有工匠精神的"时代楷模"，因此各行各业已经形成了业内弘扬和培育工匠精神的产业氛围。外部微观环境，企业内外部实施培育工匠精神的形式、活动，关键在于以供应链管理视角使工匠精神在职业人心中、行动中形成匠心、匠技，进而在产业链、质量链中扎实推进。企业致力于贯彻落实新时代产教融合的要求，在国家给予"金融＋财政＋土地＋信用"组合式激励和税收政策的大力支持下，建设产教融合型企业，充分利用企业自身优势承担培育具有工匠精神的现代职业教育人才的社会责任。结合产教融合的典型人才培养模式现代学徒制的教学特点，学校企业充分利用内外部环境构建培育工匠精神的物质环境和精神环境，环境氛围大大提升了培育质量。

激励为工匠精神的培育注入动力。导师管理中的激励主要是对学生以精神激励。特别是激发学生的成就感和追求成功的欲望，同时辅以各种形式的奖励。作为导师要运用各种社会心理学方法，激发学生的社会心理需要，激发其致力于成为工匠的动机和行为。如目标激励，旨在促进引导学生进行目标管理，根据期望理论，在效价和期望值最大的情况下激发力量最大；感情激励，旨在导师与学生建立融洽和谐的人际关系，营造和谐的教学氛围，满足学生的归属感和荣誉感；尊重和信任激励，在实践教学环节充分授权、充分信任，让学生自我实践、自我管理，以满足其内心信任需求；榜样激励，上到把大国工匠、世界技能大赛获奖者作为先进典型，下到讲述身边的同学、导师的先进事迹激励学生；竞赛激励，通过举办各级各类专业竞赛和创新创业竞赛激发学生的热情、兴趣和克服困难的勇气，在实施中注重公平公正原则。

2. 校企协同与融合培育

针对上述高职院校在新时代产教融合背景下培育工匠精神存在的问题，校企要在产教融合的政策支持下共同建设在经济上、技术上具体可行的、可衡量的、可以达到的工匠精神培育目标和途径。

立德树人是培育工匠精神的宗旨，高职院校应树立"一核心、两精准、三全面、四联动"培育目标。"一核心"指以新时代培育高素质高技能人才为核心，"两精准"指校企精准对接、精准育人，"三全面"指全面贯彻现代学徒制模式、全面践行工匠实践精神、全面融入人才培养各环节，"四联动"指政府和行业协会指导、学校和企业主导的四方联动机制。在"三全育人"理念导向下，结合学情、师情、环境等因素开展"五融合"培育途径，如图 6-3 所示。

1）校企协同制度融合——工匠制度

校企协同制度融合就是把优秀企业的现代管理制度的基本制度、工作制度和岗位职责融入专业人才培养方案中，在公共课程和专业课程的教学内容、教学过程、实践环节、实训操作中渗透企业制度；学校制度与企业

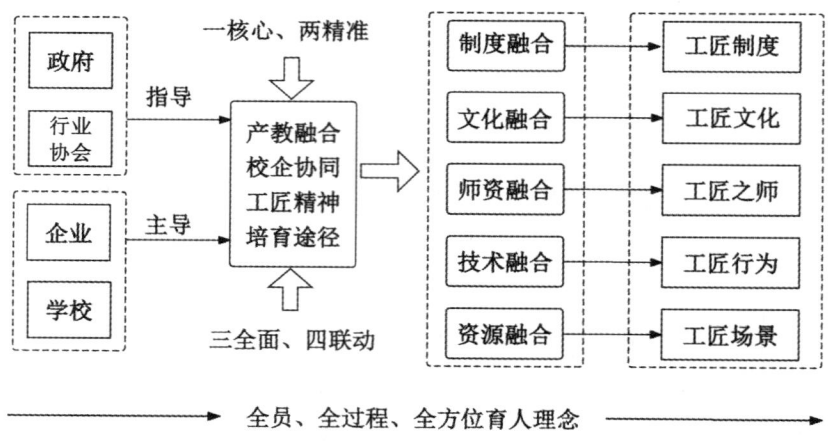

图 6-3　工匠精神培育途径

制度相融合，利用工学交替的现代学徒制人才培养模式，在制度融合的环境下，学校侧重培育学生工匠意识，企业侧重培育学生工匠行为，在潜移默化的过程中使学生体会工匠内涵之敬业，体验工匠本质之创新，体悟工匠精髓之精益求精，实现知行合一的工匠精神。工匠培育制度要与行业发展结合、与专业建设契合、与课程改革吻合。工匠培育制度的制定、实施、考核要有针对性地形成执行体系。作为培育制度的实施者，校企双导师要在学生的课程考核、顶岗实习中量化工匠精神考核指标，以期真正实现工匠精神培育目的，实现培养高素质技术技能型人才目标。

2）校企协同文化融合——工匠文化

魂者，器物之统摄也。培育工匠精神之魂在于文化自信。在庆祝中国共产党成立 95 周年大会上，习近平总书记指出文化自信是更基础、更广泛、更深厚的自信。铸魂育匠的最高境界就是文化自信。工匠精神培育首先要文化自信，在深化产教融合的基础上，工匠精神是社会文化、行业文化、企业文化与校园文化的宏微观有机结合，在从业者身上得以体现。其培育的指导思想要遵循文化的渊源和固有规律，通过不断思索、不断践行去实现价值理性与技术理性相统一。作为工匠精神培育主体的校企双方要让培育往实里走、往深里走、往心里走，校园工匠文化、中华优秀传统文化、产业文化、企业文化要在课堂上传承与创新。在文化自信背景下要让工匠精神在学生头脑中、行为上扎实扎牢，需实施工匠精神的精准文化培

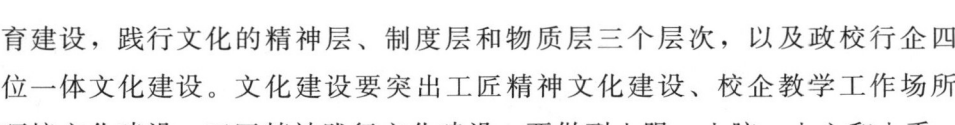

育建设，践行文化的精神层、制度层和物质层三个层次，以及政校行企四位一体文化建设。文化建设要突出工匠精神文化建设、校企教学工作场所环境文化建设、工匠精神践行文化建设，要做到入眼、入脑、入心和入手。

3）校企协同师资融合——工匠之师

教师队伍首先要有工匠精神，才能成为工匠之师，才能培育少年工匠。现代学徒制的双导师队伍遵循"企业导师（师傅）＋校内导师"模式，以职业岗位群为导向，双导师共同商定课程名称和学习内容，校内导师负责课程的系统化理论教学和技能实践，企业导师负责岗位技能实战指导及灵活应对异常情况，使学生在工学交替中能够顺利衔接，获得职业能力和职业精神、工匠精神的提升。因此双导师队伍的选聘、培训、考核评价要采取科学有效的管理方法。选聘阶段运用系统的、统一标准及科学规范化的工具定量化公正客观地进行考量，如工匠精神指标在职业道德、技术业务理论知识、技术业务能力中进行定性描述和定量评价，让候选人进行试讲、技术技能操作，考核者根据测评指标给予量化分数。培训阶段有针对性地精心组织选择培训内容、培训时间、培训效果评估手段等。考核评价阶段在德、能、勤、绩、个性、创新六方面采取因子分析法进行360°全方位考核。

4）校企协同技术融合——工匠行为

现代学徒制的课程体系是校企双方共同研究制定形成的，课程体系的构建以岗位能力为导向，重点是职业精神、工匠精神培育在课程设置、技能实践、考核评价等方面形成从浅入深、从感性到理性、从模拟到实操、从单一到多元的逻辑。我校课程体系按照《教育部关于职业院校专业人才培养方案制订与实施工作的指导意见》进行构建，包含了公共基础课程、专业群基础课程、专业能力拓展课程、基本素质拓展课程、综合实践课程等。实践课时占到了50％以上，校企在课程体系的教学内容、教学设计、教材、软件、实习实训等方面深度融合，工匠精神的培育全员、全过程、全方位、全要素地有机融入课程体系中。

5）校企协同资源融合——工匠场景

工匠精神培育平台主要包含实践课程、职业技能大赛和创新创业大赛。实践课程包括了一体化实践、仿真实践、实训实践、跟岗实践、顶岗实习等实践教学的各个环节，重点是职业岗位群技能的操作严谨、精益求精、守正出新的工匠精神培育。职教界展现学生职业能力的全国职业技能大赛，不仅考核学生的职业技能，还展示学生的工匠精神。通过在校级、省级、国家级大赛中的层层过关斩将，学生的工匠精神培育融入大赛考核标准更加精准、更加全面、更加深入。创新创业大赛考查了学生的综合能力，经过专业学习、集中培训、持续改进，培育了学生严谨、专注、坚持的工匠精神。我校学生积极参加中国国际"互联网＋"大学生创新创业大赛和粤港澳大湾区大学生创业大赛的选拔，从参加海选到晋级省赛，学生积累了丰富的经验，培养了创新精神。以上这些离不开企业的大力支持，让工匠精神培育质量精准提升。

产教融合有效整合社会、企业、行业资源，充分利用四方联动培育具有工匠精神的专业人才，为全面提高人才培养质量、践行新时代下的人才质量观打下基础。基于现代学徒制的工匠精神培育的人才培养模式是深化产教融合、校企合作的延伸，使企业储备优秀人才、使学校教育教学质量提高、使学生"零距离"接触职场，为社会输送高质量技术技能型人才，为我国经济转型、产业转型升级、实现创新驱动发展战略等提供高质量技术技能人才支撑。现代学徒制是对产教融合、校企合作的纵向深化，工匠精神是职业素养的重要组成。

第七章 产教融合视角下新质生产力与 职业教育耦合双向赋能研究

一、引言

2023 年 9 月，习近平总书记在黑龙江考察调研期间，首次提到"新质生产力"。2024 年 1 月，习近平总书记在中共中央政治局第十一次集体学习时对新质生产力的科学内涵和基本特征做了系统阐述，他指出，以劳动者、劳动资料、劳动对象及其优化组合的跃升为基本内涵，要根据科技发展新趋势，优化高等学校学科设置、人才培养模式，为发展新质生产力、推动高质量发展培养急需人才。2023 年 12 月，工业和信息化部等八部门联合发布的《关于加快传统制造业转型升级的指导意见》中提出，鼓励建立校企合作办学、培训、实习实训基地建设等长效机制，扩大高素质技术技能人才培养规模。2024 年 1 月，工业和信息化部等七部门联合发布的《关于推动未来产业创新发展的实施意见》提出，建设一批未来技术学院，探索复合型创新人才的培养模式。2024 年 3 月《政府工作报告》中提出，大力推进现代化产业体系建设，加快发展新质生产力。以上政策对新兴产业、未来产业发展进行了战略性谋划，为新时代推动现代职业教育体系建设、职业教育赋能新质生产力发展提出了时代命题。

新质生产力以科技创新为核心要素，人才是生产力中最活跃的要素，也是加快形成新质生产力的关键赋能要素。职业教育在我国发展大局中不仅肩负着培养高素质高技能人才、能工巧匠、大国工匠的重任，还在新质生产力的转化中扮演着加速器的角色，是技术创新与转移、科技成果转化、区域经济发展的重要引擎，为传统产业升级、战略性新兴产业壮大、未来产业建设提供强有力的人力资源支撑。2022 年 12 月，国务院办公厅发布的《"十四五"现代物流发展规划》明确指出，加强高等院校物流学科专业建设，提高专业设置的针对性，培育复合型高端物流人才。因此，围绕新质生产力，高职院校如何通过产教融合、校企合作，精准对接产业发展，优化智慧物流人才培养，实现复合型、创新型、应用型高素质高技能人才培养目标，是值得研究的。

二、职业教育与新质生产力耦合双向赋能研究现状分析

2023 年 9 月，习近平总书记在黑龙江考察时首次提出"新质生产力"，并在 2024 年 1 月中共中央政治局第十一次集体学习时对新质生产力的科学内涵等做了系统性阐述，由此在学术界、产业界以及社会各界引起了广泛热议，成为时下热词。新质生产力核心标志是全要素生产率大幅提升，党的二十大报告把提高全要素生产率作为高质量发展的重要任务。新质生产力关键要素是劳动者，劳动者技能提升是新质生产力发展的关键推动力。随着数字技术高速发展、加快完善现代产业体系，现代物流业要满足战略性新兴产业和未来产业对创新型、复合型、应用型高技能人才的需求，高等职业教育是高技能人才培养的"主阵地"，高等职业教育必须紧跟新质生产力的发展，调整人才培养目标，不断优化人才培养，丰富育人要素，改革育人方式，以期全面对接产业新质生产力要素，助力教育教学新质生产力发展。

（一）新质生产力赋能智慧物流人才培养研究现状

1. 职业教育新质生产力研究现状

在中国知网（CNKI），以"职业教育新质生产力"为主题搜索出的（包含学术期刊、报纸和特色期刊）文献为555篇，其中2024年的文献占95％以上，新质生产力成为时下研究热点，热度呈爆炸式增长。学者们研究集中在职业教育赋能新质生产力发展的内涵特征、理论逻辑、推进路径、实践模式，新质生产力驱动职业教育高质量发展的策略、实践路径，职业教育与新质生产力的耦合发展和双向赋能的逻辑、价值与路径方面，其中主要观点如下。霍丽娟（2024）指出新质生产力具有要素配置优、产业体系新、创新驱动快、数字赋能强、人力配置准等本质特征。张培、南旭光（2024）提出新质生产力与职业教育高质量发展的耦合机理，新质生产力视域下职业教育高质量发展的系统性提质、数智化驱动、嵌入式培养、跨场域协同四个典型特征。韩飞、郭广帅（2024）指出，可以从新理念、新智能、新业态三个方面探索职业教育赋能新质生产力的创新路径：一是新理念赋能，确立教育、科技、人才协调发展的"大职教观"；二是新智能赋能，产教融合认证培育新质职教人才；三是新业态赋能，职业教育助力战略性新兴产业和未来产业发展。郑蓓、阮红芳（2024）指出，当前我国职业教育高质量发展面临依赖传统发展格局、发展结构不善、发展模式科学性不足、发展功能发挥作用不佳等现实困境。潘海生、杨影（2024）指出，新质生产力发展遵循着以科技创新突破为动力、以产业深度转型为载体、以人力资本跃升为关键的逻辑。以上研究更多集中在宏观、中观层面分析职业教育与新质生产力的伴生与耦合关系，以及职业教育赋能新质生产力的内涵要义、行动逻辑、推进路径等，未从微观层面分析高职院校专业人才培养的模式、方法等如何实现新质人才质量的跃升与质变。

2. 智慧物流人才培养研究现状

在中国知网（CNKI），以"智慧物流人才培养"为主题搜索出的学术期刊文献为153篇，学者们的研究从不同视角进行阐述，主要集中在产教融合的视角下分析智慧物流人才培养现状、体系、模式、策略、路径等方面。江玉庆（2023）提出智慧物流人才培养的现实困境，如缺乏综合性的课程和教材、技术变革的快速性给教育带来挑战、人才需求与培养脱节等。崔健（2024）提出智慧物流人才质量的培养路径，如设置科学完善的培养方案、充分运用"第二课堂"、强化实操技能、鼓励跨学科教学。邢燕（2022）提出智慧物流人才培养模式的实施机制，包括优化课程体系和师资配备，厚植工匠精神、增强素质教育等。李怀湘（2021）进行了产教融合、校企协同智慧物流人才培养的实践研究，提出一系列培养方式，一是对接产业升级，培养与产业发展紧密结合的智慧物流技术技能人才；二是创新校企协同、双元育人新模式；三是组建产教融合背景下的创新型教师队伍，匹配校企协同育人师资团队；四是升级改造传统物流实训室，校企共建基于物联网技术的创新应用中心。

（二）智慧物流人才培养现状分析

我国高度重视人工智能赋能相关专业的创新和人才培养，2017 年国务院印发了《新一代人工智能发展规划》，强调要"重视复合型人才培养，重点培养贯通人工智能理论、方法、技术、产品与应用等的纵向复合型人才，以及掌握'人工智能＋'经济、社会、管理、标准、法律等的横向复合型人才。"2018 年教育部印发了《高等学校人工智能创新行动计划》，进一步明确了"人工智能＋X"复合专业培养新模式，要求建设"人工智能＋X"复合特色专业。《"十四五"现代物流发展规划》要求加快现代物流数字化、网络化、智慧化赋能，打造科技含量高、创新能力强的智慧物流新模式。在国家政策和物流行业发展规划的指引下，高校不断进行人才培养改革，对数智时代、数字化背景下的智慧物流人才培养模式、课程体系、实施路径等进行改革和创新，但仍然存在以下问题。

1. 产业教育"合而不融"

职业教育与产业融合度不深、专业与产业匹配度不高是制约职业教育发展的两大原因。发展新质生产力要因地制宜改造提升传统产业、培育壮大新兴产业、布局建设未来产业，要优化人才培养模式，产教实现具象化深度融合。

2. 课程体系"广而不精"

课程体系对接的职业岗位群覆盖广泛，既包括了国内物流、国际物流，也涵盖了物流运作全流程和供应链管理，呈现广而不精、泛而不深的特点，导致课程体系无法精准匹配产业高端化、智能化、绿色化岗位知识技能需求。

3. 育人要素"全而不新"

专业、师资、课程、教材、实训基地等育人要素要紧跟现代化产业体系建设和 AI、大数据、云计算、物联网等数字技术发展，高职院校虽配全了育人要素，但物流新质生产力在物流各环节的应用依然滞后，尤其是新质生产力以数据要素为核心，更需要及时焕新提质。

综上所述，围绕新质生产力，以科技创新为核心，以物流产业升级为方向，以智慧物流人才的跃升和质变为目标，研究优化人才培养模式和路径，契合国家创新驱动发展战略，教育、科技、人才一体化发展战略，是当前值得研究的重要课题。

三、新质生产力赋能职业教育高技能人才培养研究

新时代加强高技能人才培养是深入实施人才强国战略、筑牢强国之基、促进就业创业、增进人民福祉的重要途径，新质生产力是推进现代化产业体系建设、实现高质量发展、全面建设社会主义现代化国家的根本内在动力。"新质生产力"一词从 2023 年 9 月习近平总书记在黑龙江考察调研期间首次提出，到 2024 年 1 月在中共中央政治局第十一次集体学习时对新质生产力的科学内涵和基本特征做了系统阐述，再到 2024 年 3 月写入《政府工作报告》中，新质生产力成为社会各界热议话题。对于高等学校人才培养，习近平总书记强调，要根据科技发展新趋势，优化高等学校学科设置、人

才培养模式，为发展新质生产力、推动高质量发展培养急需人才。职业教育作为与产业发展、科技创新、经济变革直接紧密伴生耦合的教育类型，以焕新提质为出发点，优化人才培养模式是助力加快形成新质生产力的重要支撑，新质生产力赋能高技能人才培养遵循教育、科技、人才一体化发展内在要求。

劳动者是解放和发展生产力最活跃、最重要的构成要素，新质生产力以科技创新为核心要素，人才体系是加快形成新质生产力的关键赋能要素，其中高技能人才是助力技术技能迁移衍生的践行者。职业教育在我国新发展格局中肩负着培养造就更多能工巧匠、大国工匠、高技能人才的重任，在新质生产力的培育、转化、跃迁中扮演着催化器、助推器、加速器的角色，是技术创新与转移、科技成果转化、区域经济发展的重要引擎，为传统产业升级、战略性新兴产业壮大、未来产业建设提供强有力的人力资源支撑。新质生产力作为全新的理论范畴，是职业教育综合改革的风向标。新质生产力赋能高技能人才培养的关键是优化人才培养模式，"谁来优化、优化什么、如何优化"成为亟待研究的理论和现实问题。解答这些问题不仅有助于深化职业教育综合改革，对于提升职业教育与区域经济结合的紧密度、与产业变革发展的适配度、与科技创新的耦合度，增强职业教育适应性亦有重要意义。因此，新质生产力赋能高技能人才培养，高职院校如何通过科教融汇、产教融合、校企合作，精准对接现代化产业体系建设，优化人才培养模式与路径，大力培养服务国家战略和经济社会发展需求的复合型、创新型、应用型高技能人才，是需要重点研究的问题。

（一）新质生产力赋能高技能人才培养遵循原则

在国家政策和产业发展规划的指引下，高职院校不断优化人才培养，以"人工智能＋专业/课程"为典型，在人才培养模式、课程体系、实施路径等方面不断进行改革和创新，然而新质生产力的培育与发展因生产要素配置、资源禀赋、产业基础和科研条件等因素的差别，人才培养也要坚持从实际出发、有序推进，遵循以下逻辑原则。

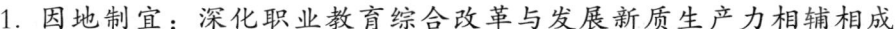

1. 因地制宜：深化职业教育综合改革与发展新质生产力相辅相成

《2023年全国教育事业发展基本情况》统计表明，2023年，全国中等职业教育（不含人社部门管理的技工学校）共有学校7085所，招生454.04万人；高职（专科）学校1547所，招生555.07万人；本科层次职业学校33所，招生8.99万人。职业教育每年为国家培养约1000万高素质技术技能人才，是培养助力新质生产力发展的高技能工匠人才摇篮。2023年8月，工业和信息化部联合科技部、国家能源局、国家标准化管理委员会印发《新产业标准化领航工程实施方案（2023—2035年）》，聚焦新一代信息技术、新能源、新材料、高端装备、新能源汽车、绿色环保、民用航空、船舶与海洋工程装备等八大新兴产业，以及元宇宙、脑机接口、量子信息、人形机器人、生成式人工智能、生物制造、未来显示、未来网络、新型储能等九大未来产业。产业是新质生产力转化为现实生产力的主要载体，职业教育与新质生产力是以产业为纽带的命运共同体，职业教育、产业发展规划和新质生产力呈现相辅相成的关系。2024年7月，《中共中央关于进一步全面深化改革 推进中国式现代化的决定》提出"健全因地制宜发展新质生产力体制机制""加快构建职普融通、产教融合的职业教育体系"，为深化职业教育综合改革指明了行动方向。发展新质生产力需要战略科学家、一流科技领军人才、青年科技人才、卓越工程师、现场工程师等组成多层次人才梯队，新质生产力激发了职业教育新活力，集聚职教力量发展新质生产力，职业教育责无旁贷。深化职业教育需要建立健全多形式衔接、多通道成长、可持续发展的梯度职业教育和培训体系，因地制宜地深化职业教育综合改革与发展新质生产力，让产教实现具象化深度融合。

2. 因校制宜：创新人才培养模式与发展新质生产力同频同振

学校人才培养要避免进入"一刀切"的误区，要从院校实际出发，在国家相关政策指引和新质生产力的驱动下，遵循因校制宜的原则，提高院校关键办学能力，统筹推进育人方式、办学模式、管理体制、保障机制。各高职院校在师资队伍、实践实训条件、科技创新转化等方面具有差别性，要对接区域产业新质生产力的发展，聚焦改造提升传统产业、培育壮大新兴产业、布局建设未来产业，实施差异化发展战略。高职院校要深化八大新兴产业和九大未来产业领域的职业教育专业课程改革，结合产业图谱，在不同领域不同赛道发挥优势、办出特色，形成优势互补、交叉融合、焕新提质的办校新局面。《中华人民共和国职业分类大典（2022年版）》中，标识数字职业97个，绿色职业134个，绿色数字职业成为引领职业教育改革、产业创新的航标，因此要集中区域战略性产业集群新质生产力特点，优先布局发展相关专业，布局与设置特色优势专业，满足人才需求。学校要在深化职业教育改革引领下，着力打通束缚新质高技能人才培养的堵点卡点，做好新质专业发展规划，创新深化产教融合的新质专业人才培养模式，激发专业、课程、教师、教材、实训基地等关键育人要素活力，建设各类先进优质育人要素向专业新质生产力顺畅流动，更好体现新质高技能人才的社会价值，营造向新而行、向质而为的良好创新氛围。

3. 因生制宜：服务人的全面发展与发展新质生产力共生共长

服务人的全面发展是新时代深化职业教育改革的新目标，无论是技能型人才还是学术型人才都是符合国家战略发展需要的人才。随着新质生产力在产业链供应链上的不断纵深发展，市场经济结构和产业结构也将不断调整优化，加快高技能人才供给侧结构性改革，推动教育链、人才链融入产业链、创新链，为高质量发展提供有力人才支撑和智力支持。2022年，中共中央办公厅、国务院办公厅印发的《关于深化现代职业教育体系建设改革的意见》中指出"坚持服务学生全面发展和经济社会发展"，着眼于人的全面发展，职业教育更加注重以人为本的功能定位。服务学生的全面发展要打通学生成长成才通道，加快构建职普融通的职业教育体系为职业教育和普通教育搭建了融合桥梁。通过职普融通，学生个人禀赋全面提升，学生能够多次选择、多样化成长、多元化发展，满足多样化教育需求。正确处理知识技能学习和全面发展的关系是职业教育本质功能，面向培养路径要因生制宜，面向学生的教学要因材施教，面向社会人才需求要因人而异。职业教育在教育供应链中和新质生产力在产业供应链中都表现出反应性供应链的特征，能够快速响应科技和产业变革，以更好满足人民日益增长的美好生活需要。

（二）新质生产力赋能高技能人才培养模式优化

1. 构建人才培养优化系统

新质生产力赋能高技能人才培养是一个系统的、动态的长期工程，以培养什么人、怎样培养人、为谁培养人这一教育的根本问题为根本遵循和行动指南，人才培养优化系统以构建匹配新质生产力发展的人才能力结构模型为逻辑起点，以构建政行企校为多元主体协同育人的人才培养模式和高质量人才培养生态链为逻辑主线，以全面提升人才自主培养质量、赋能新质生产力和高质量发展为逻辑终点，解决的关键问题集中于人才培养优化系统的良性循环。构建三维人才培养优化系统的具体阐释如下。

一维是优化主体，打造政行企校四位一体协同育人闭环链，打好产教融合多元主体跨界组合拳，通过结构效应赋能人才培养多维目标效度。集中解决人才供给侧与需求侧错位问题，打破利益相关者各自为政、藩篱壁垒的局面。宏观层面政府负责顶层设计，制定协同育人系列政策文件，明确职业教育、科技、人才在国家创新驱动发展战略中的战略定位和职能分工，发挥教育强国、科技强国、人才强国战略协同效应；中观层面行业负责产业协同，把握产业前沿发展，率先统筹行业转型、升级、迭代，推进新技术、新工艺、新模式的广泛推广应用；微观层面科研机构、企业和学校负责具体实践，如共建共享创客空间、科技创新和成果转化交流中心和平台，共商共定人才培养规格的制定、实施、评价和反馈。二维是优化内容，推进产业新质生产力和教育新质生产力协同跃升，打好教育教学改革组合拳，通过倍增效应赋能人才培养体系。基于人才能力结构模型，优化人才培养目标定位、课程体系结构、教学模式、评价方法；培养适应新质生产力发展的、服务于转型升级和数字化改造的创新型、复合型、应用型高素质高技能人才。三维是优化途径，创新"人工智能×新质生产力"的育人要素，打好育人要素改革组合拳，通过乘数效应赋能人才培养途径。

各行各业新质生产力生产要素呈现高科技化趋势，数据和算法已成为主流生产力，具备数字素养、掌握数字技能和操控数字技术和设备的高技能人才已是职业教育人才培养的标配。科技创新催生的新产业、新模式、新动能激发职业教育改革活力，充分挖掘产业新质生产力的高科技、高效能、高质量的质态是教育教学质态跃升的关键。现代产业的业态、工艺、材料、技术、流程、标准发生了原创性、颠覆性创新，要无缝对接专业教学、实训、实践。

2. 优化人才培养模式

人才培养模式以习近平新时代中国特色社会主义思想为指导，紧紧围绕立德树人根本任务，构建课程思政大格局，坚持与产业、与地方政府和政策、与社会区域结构、与个人终身学习相结合。创新优化人才培养模式，一是优化人才培养目标，立足于区域高位移动、专业交叉融合、能力结构复合，强化科技教育与人文教育协同一体化贯通，提升人才培养质量的倍增效应；二是优化课程体系，课程体系要以"云物大智移链"等先进数字科学技术在现代产业体系中的广泛应用为本，紧跟科技创新前沿，把产业新质生产力体系化融入专业课程，建立产业-职业-专业能力素养结构与课程知识技能匹配矩阵；三是优化教学模式，锚定新质劳动者的高新科技知识和劳动技能，创设衔接行业网络化、数字化、智能化的新质劳动资料、新质劳动对象的应用场景，以成果为导向，构建"AI＋教学内容"的多样态数字化教学资源，云景课堂和实景课堂有机融合，线上线下一体化教学；四是优化评价方法，以职业标准体系为评价导向，构建高技能人才培养评价标准、体系和指标，形成"过程评价＋结果评价＋增值评价＋综合评价"为一体的多元评价方法模型。高职院校可基于办学特色、区域产业集群特征、专业学科特点灵活开展"岗课赛证创"、现代学徒制、现场工程师、产业学院等多种人才培养子模式并存的培养样态，通过优化高职院校形成思政引领、新质赋能、产教融合的人才培养主模式，如图 7-1 所示。

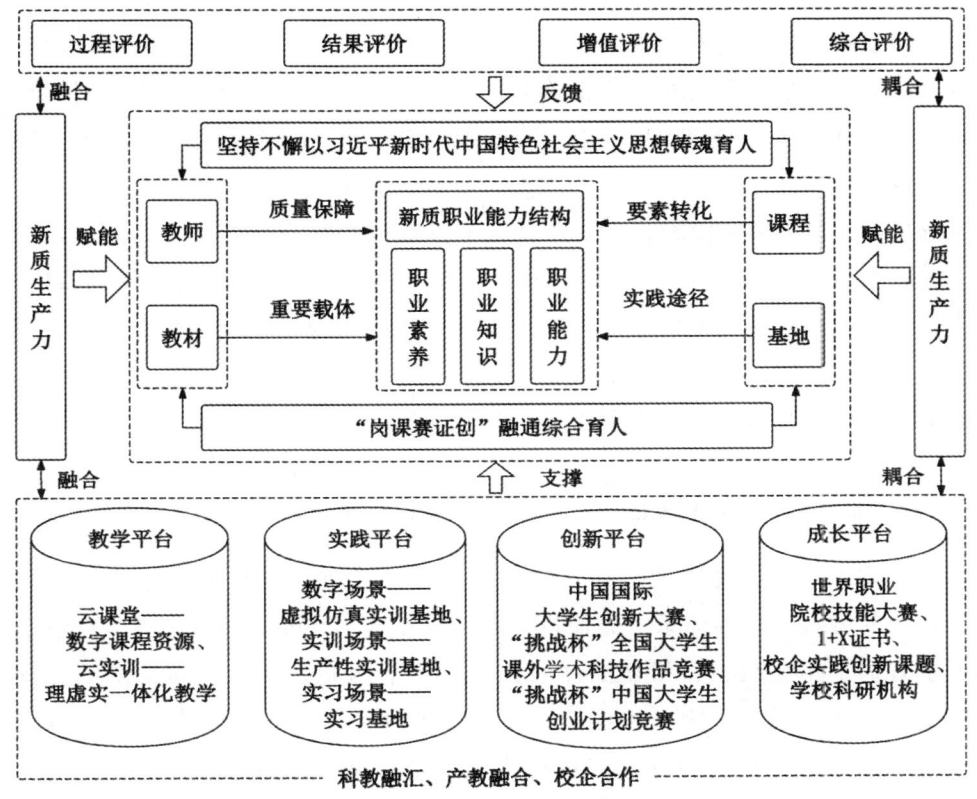

图 7-1 思政引领、新质赋能、产教融合的人才培养主模式

(三) 新质生产力赋能高技能人才培养实践路径

1. 坚持深化产教融合，构建"一体两翼"新范式

新质生产力具有高科技、高效能、高质量特征，发展新质生产力的核心要素是科技创新，加强科技创新是摆脱传统经济增长方式的新动能，是完善现代化产业体系的新方向。2023 年 12 月，工业和信息化部等八部门联合发布《关于加快传统制造业转型升级的指导意见》，提出鼓励建立校企合作办学、培训、实习实训基地建设等长效机制，扩大高素质技术技能人才培养规模。2024 年 1 月，工业和信息化部等七部门联合发布《关于推动未来产业创新发展的实施意见》，提出建设一批未来技术学院，探索复合型创

新人才的培养模式。以上政策对新兴产业、未来产业发展进行了战略性谋划，也进一步明确了坚持深化产教融合的人才培养路径。全面实施"一体两翼"发展战略，要建设省域现代职业教育体系，打造省域行业产教融合共同体和市域产教联合体，凝聚政府、企业、学校、科研机构等各方力量，加大急需紧缺高技能人才的培养力度；汇聚产教资源，集聚资金、技术、人才、政策等新质人才培养要素向教育教学流动，各方承担起职业教育赋予的人才培养责任；做到长远谋划布局，在师资队伍、模块化课程、教学资源、实训基地、考核评价等内涵式人才培养中形成改革共同体，在行业企业工艺改进、流程重组、产品升级、技术改造和创新、成果转化等外延式人才培养中形成创新共同体，实现共享资源、共建平台、共育人才、共生共长。

2. 坚持运用系统观念，优化人才培养新体系

新质生产力的发展赋能高职院校在人才培养理念、培养目标、培养内容、培养方式、培养体系等方面进行系统性变革。党的二十大报告中指出，万事万物是相互联系、相互依存的。只有用普遍联系的、全面系统的、发展变化的观点观察事物，才能把握事物发展规律。高职院校人才培养也不例外。坚持运用系统观念，把握好人才培养中供给与需求、共性与个性、传承与创新的关系，以"大职业教育观"为导向，不断提高人才培养融合思维、适应思维、创新思维、系统思维能力，把握中国式职业教育现代化发展规律，遵循技术技能人才成长规律，以前瞻性思考、全局性谋划，整体性推进人才培养系统性变革路径。优化高技能人才培养体系主要包含三个方面，一是与新质劳动者相匹配的专业课程体系，由政府统筹、行业指导、校企搭建高技能人才供需信息平台和建设共性技术服务平台，针对职业岗位群，提供行业新质知识、技术、技能清单，以培养人机交互协同能力、数据分析处理能力和技术应用开发能力为重点，形成多个相互链接的模块式职业能力图谱，构建对应职业核心能力的大模块化课程以及专项能力的子课程，实现人力资本增值；二是与新质劳动对象相匹配的实践教学体系，引入产业龙头企业认证体系，更新先进设施设备，以开放型区域产教融合实践中心为依托，以企业典型工作任务为背景，利用云上虚拟仿真和实景微场景开展实践教学，利用人工智能、数字孪生等新一代信息技术

赋能技术技能学习，锤炼实践技能，实现技能增值；三是与新质劳动资料相匹配的创新创业教学体系，企业、普通高校、科研机构等组成科研创新团队，在科研开发、技术创新、成果转化和转移的链条末端发挥协同力，以企业技术攻关子课题为切入开设双创课程，让专创融合发挥强大合力，实现创新增值。

3. 坚持改革焕新提质，打造数智"五金"新基建

以"五金"建设为支点，撬动职业教育大改革，职业教育坚持改革焕新提质，通过"五金"新基建培养学生创新意识、创新思维、创新能力。一是金专业，专业是高职院校发展的金字招牌，新产业-新职业-新专业成为高职院校改革迈入的新赛道和快车道，发挥先行先试、率先突破、示范引领的作用，针对新兴产业融合集群发展，实施专业群联动机制，实现专业链与产业链的有效对接；融合行业新质生产力的培育发展，专业与产业、企业、岗位精准对接，加强专业建设，提高专业设置的针对性，完善专业建设动态调整机制，优化专业布局，以专业建设为牵引推动教学关键要素系统优化，实现专业群间的互融互联互通。二是金教师，强国必先强教，强教必先强师，教师是立教之本、兴教之源，是教育发展的第一资源。以教育家精神引领"强师工程"建设，实行"技师＋工程师＋讲师"教科研一体化团队模式，融合产业新质生产力技术技能要求，通过引育并举、名师引领、以赛促教提升教师数字素养、教育教学、技术技能创新和社会服务能力，打造专兼结合的高水平新质"双师型"教师队伍。三是金课程，融合新质生产力构成要素，以数字技术赋能的新质劳动工具和劳动资料为载体，更新教育教学理念、重构课程体系、优化教学设计、重组教学内容、创新教学方法；实施场景创新战略，丰富教学资源和应用场景。四是金教材，建设融入行业新技术、新模式、新流程的数字化新形态教材。五是金基地，融合新质生产力以科技创新为核心要素，建设集教科研于一体的生产性实训基地和虚拟仿真实训中心，借助人工智能、虚拟现实、虚拟仿真等技术手段搭建教学实训实践基地，创新虚拟与真实场景相结合的混合式场景教学。构建"两翼"新优势、"四链"新质态、"五金"新基建高质量人才培养生态链实践路径，如图 7-2 所示。

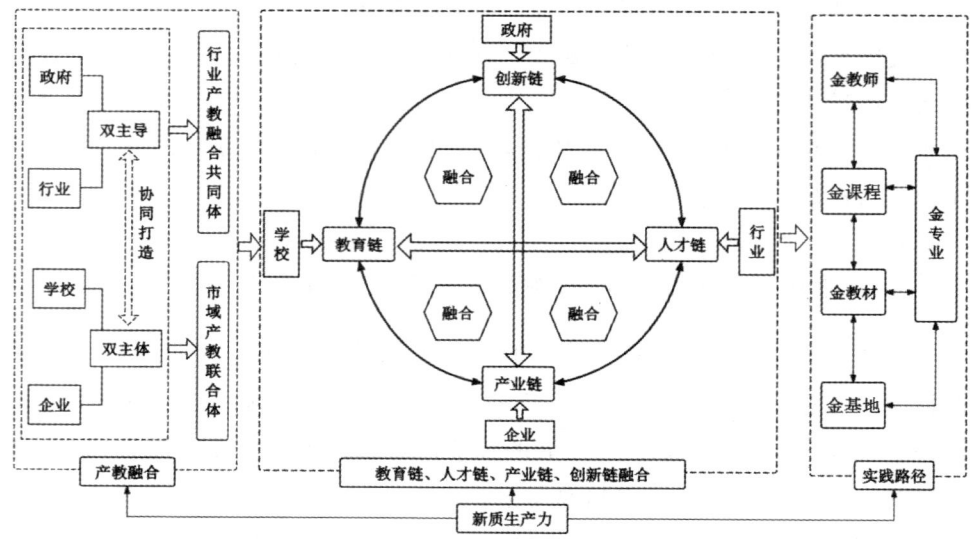

图 7-2 "两翼"新优势、"四链"新质态、"五金"新基建高质量人才培养生态链实践路径

综上所述,加强新时代高技能人才培养是中国特色社会主义教育强国建设的有效保障,是全面推进技能根基工程、技能生态建设的必由之路。发展新质生产力赋能高技能人才培养是贯彻落实教育、科技、人才一体化发展,深化职业教育产教融合和丰富人才培养内涵建设的本质要求。深入把握人才培养规律、科技创新规律、产教融合深化规律和产业发展规律,有助于聚焦新质生产力和高技能人才培养的基础理论和实践问题,有助于加强高职院校学科专业建设,提高专业设置的针对性,培育复合型高端人才,提升人才培养的适应性,服务经济高质量发展,实现中国式现代化。

四、职业教育赋能新质生产力发展研究

随着新一轮科技革命和产业变革的加速演进,驱动了生产力质态发展,催生了产业新技术、新业态、新模式、新职业的新经济形态,改变了人民的生活生产方式,新质生产力在实现中国式现代化进程中应运而生。2023年9月,习近平总书记在黑龙江考察调研期间,首次提到"新质生产力";

2024 年 1 月，习近平总书记在中共中央政治局第十一次集体学习时对新质生产力的科学内涵和基本特征做了系统阐述，他指出，以劳动者、劳动资料、劳动对象及其优化组合的跃升为基本内涵，要根据科技发展新趋势，优化高等学校学科设置、人才培养模式，为发展新质生产力、推动高质量发展培养急需人才。劳动者是新质生产力构成的核心要素，劳动者的技术技能跃升是加快发展新质生产力的关键。发展新质生产力不仅需要推动科技革命的拔尖创新人才，也需要把科技成果转化为生产力的复合创新型技术技能人才。职业教育承担着培养大国工匠、能工巧匠和高技能人才的时代使命，更加要肩负起赋能新质生产力发展形成的新质重任。

（一）新质生产力的内涵

1. 新质生产力的内涵特征

马克思最早在《德意志意识形态》中认为生产力是历史发展的根本动力。生产力是人类社会进步、文明发展的根本力量。新质生产力是在深刻总结生产力发展历史阶段、遵循人类社会发展规律、把握科技创新驱动发展的基础上提出的，是中国式现代化进程中具有中国特色的重大创新价值的理论范畴。加快发展新质生产力在中国特色社会主义发展、中国式现代化进程中至关重要。因此，把握新质生产力首先要理解其内涵特征。

1）时代性

人类历史上生产力的发展主要经历了石器时代、铜器时代、蒸汽时代、电气时代以及电子信息时代由低级向高级发展的五个阶段，新质生产力是生产力发展到高级阶段的时代产物，是新时代中国特色社会主义发展的显著标志，具有划时代的意义。在工业 4.0 智能化时代，第四次产业技术革命是以基因技术、量子信息技术、新材料技术、新能源技术、虚拟现实技术等为代表的颠覆性科技创新，数字技术驱动下的产业技术革命正深刻影响着人类生产生活方式、社会经济进步和生态环境发展。新质生产力是由技术革命性突破、生产要素创新性配置、产业深度转型升级而催生的，加快发展新质生产力与第四次产业技术革命高度契合，是新时代高质量发展的强劲推动力、支撑力。

2）系统性

生产力是由客观物质要素构成的复杂系统，新质生产力相比于传统生产力而言是一个系统性的跃升和质变，必须以科技创新为核心动力。我国经济发展从农业经济时代的以土地和劳动力为主要生产要素，到工业经济时代增加了资本和技术生产要素，再到数字经济时代数据成为第五大生产要素，生产要素是一个动态发展的系统。新质生产力是土地、劳动力、资本、技术和数据等生产要素的系统融合，要素之间在生产、分配、流通、消费各环节按照高效运行配置规律系统性相互融合促进，实现劳动者、劳动资料和劳动对象协同式跃升。新质生产力的培育发展是一项长期的系统工程，要不断激发生产要素活力和创新性配置，实现全要素生产率大幅提升。

3）生态性

习近平总书记强调："绿色发展是高质量发展的底色，新质生产力本身就是绿色生产力。"新质生产力是摆脱传统经济增长方式、生产力发展路径，统筹科技创新、经济发展和环境保护协调发展的先进生产力质态。发展新质生产力要秉承新发展理念，立足于生态优先、绿色低碳的生产生活方式，在利用自然、改造自然和保护自然的过程中，摒弃高投入、高污染、高扩张的传统的粗放式增长，转向具有高科技、高效能、高质量的以科技创新为主导的集约式增长，促使各类优质自然资源要素向发展新质生产力顺畅流动；以科技创新引领产业生态化，实现产业与生态耦合共生，构建生态活力绿色生产范式；以关键核心技术突破打造智能化、绿色化、低碳化生态体系建设新引擎，赋能生态产业化；打造人与自然和谐、共生、融合、协同生态圈，开辟生态文明建设新境界。

4）创新性

新质生产力理论是对马克思主义生产力理论的重大创新，特点是创新，以科技创新为核心，以制度创新、管理创新为辅，生产关系随生产力发展而质变。党的二十大报告中指出，必须坚持科技是第一生产力、人才是第一资源、创新是第一动力，深入实施科教兴国战略、人才强国战略、创新驱动发展战略，开辟发展新领域新赛道，不断塑造发展新动能新优势。科技创新是创新驱动发展战略的关键要素，是发展新质生产力的核心

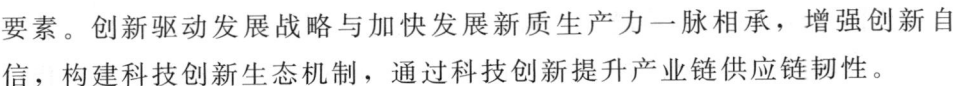

要素。创新驱动发展战略与加快发展新质生产力一脉相承，增强创新自信，构建科技创新生态机制，通过科技创新提升产业链供应链韧性。

2. 新质生产力的构成要素

习近平总书记在关于新质生产力的系统阐述中强调科学技术在生产力构成要素中融合、升级和创新，是在旧生产力基础上跃升成为数字生产力、知识生产力、智能生产力等多种形态的先进生产力。一是新质劳动者，劳动者包括体力劳动者和脑力劳动者，随着科学技术的不断发展，脑力劳动者对社会经济发展起到了决定性的作用，尤其是在高新技术产业领域，呈现出体力劳动者和脑力劳动者的统一。在产业数字化和数字产业化的双轮驱动下，劳动者的素质和技能要与时俱进以适配不断变化的生产需求。在当前数字经济时代，发展新质生产力不仅需要顶尖科技人才、科技领军人才、青年科技人才等创造新质生产力的战略型人才，也需要工程技术人才和技术工人等掌握新质劳动资料的应用型人才。二是新质劳动资料，劳动资料中最重要的是生产工具，新质生产工具是数字技术的主要载体，是衡量传统生产力向新质生产力进阶、科技含量大幅提升的显著标志。新质生产工具具有自然属性和科技属性二重性，自然属性是物化劳动的集合，表现为生产工具的固有使用价值；科技属性是社会经济技术文化的体现，表现为科技创新资源优化整合在生产工具上的具象化。三是新质劳动对象，新质劳动对象以数字特征为特点，融合劳动、知识、技术、管理和数据的生产要素的物态化有形实体和非物态化无形信息，新质劳动对象超越了时空限制范围，拓展了产业体系生产外延领域。

（二）职业教育赋能新质生产力的价值意蕴

1. 成为赋能推进新型工业化的内驱力

2023年12月召开的中央经济工作会议强调，要以科技创新引领现代化产业体系建设，大力推进新型工业化。推进新型工业化是我国着力把经济发展放在实体经济上的战略部署。新型工业化是以科技创新和产业创新的深度融合为目的，以制造业向高端化、智能化、绿色化发展为标志，深化新一代信息技术、人工智能、高端装备、工业互联网、绿色环保技术等应用，形成新型生产力和生产关系的中国式工业现代化。《关于深化新一代信息技术与制造业融合发展的指导意见》《制造业数字化转型行动方案》等指导政策文件为数字技术赋能新型工业化提供了线路图和时间表，截至 2023年 12 月，我国"灯塔工厂"62 座，占据了全球 40％的份额。2023 年我国数字经济核心产业增加值超过 12 万亿元，关键工序数控化率和数字化研发设计工具普及率分别达 62.2％和 79.6％，然而能掌握数字技术的数字化专业人才和能够操作新型劳动工具的数字化应用人才缺口依旧较大，《产业数字人才研究与发展报告（2023）》显示，我国数字化综合人才总体缺口在2500 万至 3000 万人，且缺口仍在持续扩大。因此，职业教育要赋能以制造业为代表的新型工业化，促使制造业在全球价值链中由中低端向中高端迈进，破解"卡脖子"关键技术、提升高端产品供给，助力发展新质生产力所急需的高技能人才，成为制造强国的强大内驱力。

2. 成为赋能实现高质量发展的支撑力

高质量发展是全面建设社会主义现代化国家的首要任务，新质生产力是加快高质量发展的基石。新质生产力以全要素生产率大幅提升为核心标志，全要素生产率以科技进步贡献率和生产要素效率提高为显著特征。全要素生产率大幅提升需要紧跟科技发展新趋势，科技创新成果要及时应用于现代产业中，新产业、新业态、新模式的催生、转化、发展，依赖具备主动求新求变的创新意识、善研善创的科技素养和精技精质的实践操作的高技能人才。经济大计，产业为本，数字经济是当前主要的经济形式，产业数字化发展已经成为经济发展的制高点，产业发展创新是经济发展的关键衡量指标，产业是生产力质变的重要载体和依托。新质生产力是高质量发展的内在要求和重要着力点，职业教育赋能新质生产力，为产业升级迭代和创新发展提供更多推进科技成果转化的高技能人才。高技能人才培养是职业教育的高地，培养适配新质生产力发展的人才要不断深化职业教育综合改革，提升职业教育与地方经济的紧密度，加强职业教育与产业发展需要的适配度，深化职业教育与企业人才需求的契合度，职业教育成为赋能高质量发展的重要支撑力。

3. 成为赋能实现共同富裕的保障力

新时代新征程，要着力解决发展不平衡不充分问题，更好满足人民日益增长的美好生活需要，服务人的全面发展和社会全面进步。新质生产力是解决发展不平衡不充分的问题、实现共同富裕的科技创新源，职业教育是服务人的全面发展、实现共同富裕的人才源，新质生产力与职业教育形成多维聚合、要素耦合、产教融合的伴生逻辑关系。共同富裕蕴含着加快发展更高科技化的生产力和形成公平分配、平等交换的生产关系的丰富内涵，职业教育赋能新质生产力致力于摆脱"中等收入陷阱"，加快社会经济结构从"两头大、中间小"的"哑铃型"向"两头小、中间大"的"橄榄型"转变，进入高收入国家行列。厚植人民满意的社会新形态，办好人民满意的教育是职业教育的历史使命，党的二十届三中全会审议通过的《中共中央关于进一步全面深化改革 推进中国式现代化的决定》提出"加快构建职普融通、产教融合的职业教育体系"。高技能人才来自人民满意的教育，职业教育更加注重服务于人的全面发展，致力于构建多层次、多样化、多渠道的成长成才的现代职业教育体系，营造"一技在手，一生无忧"的社会新风尚；职业教育助力潜在生产力转化为现实生产力、传统生产力跃升为新质生产力，成为赋能实现共同富裕的关键保障力。

(三) 职业教育赋能新质生产力的逻辑理路

1. 逻辑基础：统筹实施强国战略，教育、科技、人才一体化发展

习近平总书记在 2024 年全国教育大会上强调，一体推进教育发展、科技创新、人才培养。科技是全面建设社会主义现代化国家的核心力量，教育兴则人才兴，人才兴则科技兴，科技兴则国家兴，教育发展、科技创新、人才培养三位一体相辅相成、互促互融。教育发展是基础变量，科技创新是核心变量，人才培养是战略变量。人才培养是职业教育的战略使命，科技创新是新质生产力的核心表征。习近平总书记强调，科技创新靠人才，人才培养靠教育，教育、科技、人才内在一致、相互支撑。通过"教育→人才→科技→教育"的闭环变量间的良性循环，职业教育助力新质生产力

解决"卡脖子"技术问题。马克思认为，在构成生产力的基本要素中，劳动者是最重要、最活跃的要素。生产力的三个基本要素相互区别又相互联系，其中劳动者居于主导地位，起主导作用；新质生产力是由技术革命性突破、生产要素创新性配置和产业深度转型升级而催生的，关键是人才培养，核心是科技创新。职业教育赋能新质生产力要以教育发展为根基，以人才培养为牵引，以科技创新为靶向，高职院校与科研机构、企业联合建立科教协同平台和技术技能创新基地，全面加强党对职业教育的绝对领导，完善科技创新体系；院校要大力配置资源支持科学研究，培养具有创新意识、创新思维和创新精神的创新型人才，在人才培养过程中注重职业教育与新质生产力的有效结合，科技创新与专业的耦合，技术技能与课程内容的深度融合，改革教育教学模式，重塑知识技能目标，重构课程体系，创新实践场景，实现教育、科技、人才一体化发展生态链。

2. 逻辑主线：完善现代化产业体系，科学布局产业链

世界知识产权组织发布的《2024 年全球创新指数报告》显示，我国在全球的创新力排名为第 11 位，是 10 年来创新力上升最快的经济体之一；我国拥有 26 个全球百强科技创新集群，位居世界第一。科技浪潮是创新指数不断攀升的源头活水，迄今为止，科技作为第一生产力推动了四次工业革命，每一次解放发展生产力都离不开科技创新，新质生产力的提出让科技创新达到了新的高度。产业作为发展新质生产力的载体，要完善现代化产业体系需要牢牢抓住创新这个"牛鼻子"，重点是加强人工智能、大数据、物联网、云计算、区块链、互联网等数字技术在现代产业体系中的融合应用，科学布局产业链。其中以人工智能发展的三大引擎——数据、算力和算法，构建"数据＋算力＋算法"的人工智能新范式，科学布局产业链坚强支撑。发展新质生产力要及时将科技创新成果应用到产业和产业链上，完善现代化产业体系，科学布局产业链，提升产业链供应链韧性和安全水平。为保证应用质量和效果，要解决"谁来应用、应用什么、如何应用"根本问题，需要更多的精操作、懂工艺、会管理、善协作、能创新的现场工程师和数字应用师，因此，职业教育是连接产业链供应链的纽带，提升韧性和安全水平的引擎。以产定教、教随产出、产教伴

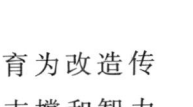

生的产教关联是助力发展新质生产力的新教育模式，职业教育为改造传统产业、培育壮大新兴产业、布局未来产业提供强大的人才支撑和智力支持。

3. 逻辑终点：大力发展数字经济，深度融合实体经济

当前，数字经济已经成为各国优化配置要素资源、重塑经济结构、提升国际竞争力的关键力量，新质生产力本身就是数字生产力，加快发展新质生产力就是要大力发展数字经济，促进数字经济实体经济深度融合。《中国数字经济发展研究报告（2024年）》中指出，2023年我国数字经济规模达到53.9万亿元，占GDP比例达到42.8%，数字经济增长对GDP增长的贡献率达66.45%；数字经济和实体经济融合发展持续拓展深化，2023年，我国第一、二、三产业数字经济渗透率分别为10.78%、25.03%和45.63%。由此可见，我国数字经济的应用场景已经全部覆盖了农业、工业、服务业领域，数字生产力为三大产业带来前所未有的"数字蓝海"，因此，为进一步完善现代产业体系的数字化科技创新，我国数字经济持续释放更加强大的优势动能，需要完善现代产业体系的资源配置、生产、流通和消费的多层次、多形式的交织和融合，打造具有国际竞争力的数字产业集群。习近平总书记指出，人才是第一资源，国家科技创新力的根本源泉在于人才。人才是数字经济发展速度和水平的关键推动者，是新质生产力发展态势的核心践行者，需要加快建设具备科技创新力的战略人才力量，努力培养造就在科技创新链中承担科技研发、创新、成果转化应用的各类人才队伍，其中更加需要加强职业教育，着力培养高技能人才，着力校企共育复合型、创新型、应用型数字化技能人才，引导企业充分发挥自身创研资源优势，为院校开辟创新"绿色通道"，优化开发投入机制和人才培养选拔体系。

（四）职业教育赋能新质生产力的实践方略

1. 国家层面：优化类型定位，深化职业教育综合改革

职业教育作为紧密连接产业的教育类型，在国民教育体系中定位于基

础性、兜底性、支撑性的民生教育，是培养造就现场工程师、大国工匠、能工巧匠、高技能人才的"主阵地"，是赋能提升新质工匠人才科技创新能力的"主渠道"。新质工匠人才是实现科技成果转化为新质生产力的"主力军"，围绕发展新质生产力布局人才链，提升新质工匠人才链的韧性。发展新质生产力以大力发展数字经济为前提，发展数字经济以数字技术的革命性突破为引擎，培育掌握数字化、网络化、智能化的数字技术技能的新质工匠人才需要打通成长成才渠道。《2023年全国教育事业发展基本情况》统计表明，2023年，全国中等职业教育（不含人社部门管理的技工学校）共有学校7085所，在校生1298.46万人，高职（专科）学校1547所，本科层次职业学校33所。劳动者需要不断提升使用新技术和整合构建相关知识架构的能力，产业深度转型升级以劳动者知识技能跃升为前提，新质生产力需要更多熟练掌握新质生产资料的应用型人才。为加快新质生产力的发展培育适合产业需要的新质工匠人才，形成初级-中级-高级新质工匠人才梯队，职业教育要持续深化职业教育综合改革，围绕建设省域现代职业教育体系、打造省域行业产教融合共同体和市域产教联合体，数字人才培养体系要紧跟先进制造业集群发展，对专业和课程设置、师资配备、招生规模等方面进行前瞻性谋划，再深入产学研协同育人模式。

2. 学校层面：贯彻新发展理念，提升院校关键办学能力

新发展理念即创新、协调、绿色、开放、共享的发展理念，新质生产力是符合新发展理念的先进生产力质态。职业院校改革要以新发展理念为指引，修炼好"内功"，向"新"而行，激发创新活力，激发新教法、新学法；向"质"而为，提升实践基地高科技、"双师型"队伍高效能、人才培养高质量。创新是提升关键办学能力的本质要求，职业院校要以"龙头企业＋院校"为引领，联合行业企业、高校、科研院所等创新主体，打造产教融合创新共同体，深化产学研协同创新，在科技创新、科技成果转化方面形成创新型供应链。职业院校作为打通科技创新成果转化"最后一公里"的推动者，发挥新质生产力"质优"特性，以快速响应技术革命。协调是提升关键办学能力的重要保障，职业院校在空间上实现各专业（群）内涵

提升和外延扩张协调发展，在时间上形成当前和长远的协调发展，增强适应产业发展的办学能动性。绿色是提升关键办学能力的最大底色，职业院校要基于新质生产力绿色属性，围绕"数字＋绿色产业"形成专业知识技能图谱。开放是提升关键办学能力的显著特征，"职教出海"已经成为职业教育的品牌，职业院校要积极参与拓展国际交流合作，让新质技术技能真正"引进来"与"走出去"，让我国职业教育产生国际效应，提升国际影响力。共享是提升关键办学能力的集中体现，让更多的人民群众共享职业教育赋能新质生产力形成的发展成果，全要素生产率大幅提升增加了社会财富总量，经济发展普惠全体人民，实现共同富裕。

3. 专业层面：深化产教融合，布局新质专业赋能产业

发展新质生产力要及时应用科技创新成果，完善现代化产业体系，瞄准新兴产业和未来产业。2023 年 8 月，工业和信息化部联合科技部、国家能源局、国家标准化管理委员会印发《新产业标准化领航工程实施方案（2023—2035 年）》，聚焦新一代信息技术、新能源、新材料、高端装备、新能源汽车、绿色环保、民用航空、船舶与海洋工程装备等八大新兴产业，以及元宇宙、脑机接口、量子信息、人形机器人、生成式人工智能、生物制造、未来显示、未来网络、新型储能等九大未来产业。专业布局与产业发展相适应以加快发展新质生产力为引领，围绕"智改数转网联"的产业体系建设，聚焦"8＋9"产业，根据科技发展新趋势，统筹推进服务传统产业升级的专业课程内容更新，扩大细化服务新兴产业壮大的专业版图、布局服务培育未来产业的新专业，完善现代职业教育专业设置体系。一是不断优化专业结构，专业结构与区域经济结构、产业结构同频共振，要着重强调专业设置与产业结构的匹配度和契合度，专业布局版图立足于区位优势、战略发展、支柱产业和人才需求；助推完善现代产业体系，助力发展新质生产力，实现高质量发展和中国式现代化。二是不断强化新专业的引领作用，不仅要大力发展"数字＋"专业，促进数字技术与传统专业的深度融合催生专业的向内迭代和向外裂变，也要围绕职业教育高质量发展的要求，形成一批国家级和省域高水平专业群，服务新兴产业集群和未来产业集群。

4. 学生层面：优化人才培养模式，培育高技能数字人才

传统生产力发展路径是从农耕文明时期、手工业时代到工业革命，经历了漫长历史过程。新质生产力具有高科技、高效能、高质量的数字技术，新质生产力是支撑数字经济发展的关键动力，数字人才是引领数字经济增长的核心，为加大数字人才、数字经济政策支持，2024 年 4 月，人力资源社会保障部等九部门印发《加快数字人才培育支撑数字经济发展行动方案（2024—2026 年）》，部署实施数字技术工程师培育项目、推进数字技能提升行动、开展数字人才国际交流活动、开展数字人才创新创业行动、开展数字人才赋能产业发展行动、举办数字职业技术技能竞赛活动等系列重点任务。

职业教育要乘政策之风优化人才培养。一是优化人才培养目标，紧紧围绕立德树人这个根本任务，以链接新质生产力发展、衔接产业发展、服务区域经济发展为目的，以培育产业新质岗位数字素养和技能为出发点确定人才培养目标。二是优化人才培养模式，贯彻落实职普融通、科教融汇、产教融合的"三融"机制，建设金专业、金课程、金教师、金教材、金基地的"五金"新基建，构建"现代学徒制＋""产业学院＋"人才培养模式。三是优化人才培养过程，建设思政课、专业课数字资源库，融合云端（云课堂、云实训、云拓展）与实景的场景育人资源，利用"第一课堂""第二课堂""第三课堂"培育德智体美劳全面发展的社会主义建设者和接班人。四是优化人才培养质量评价体系，利用数字技术，探索培养过程纵向评价和德智体美劳全要素横向评价，构建"多维标准＋多元主体＋多级指标"评价体系，加大数字评价力度，实时用数据绘制知识技能素质评价画像，真正实现评价的可视化即时管理。

五、新质生产力视角下增强智慧物流人才培养适应性研究

现代物流是延伸产业链、提升价值链、打造供应链的重要支撑，在构建现代流通体系、促进形成强大国内市场、推动高质量发展、建设现代化

经济体系中发挥着先导性、基础性、战略性作用。智慧物流本身就是物流行业新质生产力，智慧物流作为信息技术与物流业深度融合的产物，依托大数据和云计算能力，通过物流云来高效地整合、管理和调度资源，并为各个参与方按需提供信息系统及算法应用服务，业务数据化是智慧物流的重要基础。

当前中国智慧物流行业发展环境向好，市场规模呈高速增长状态，中商产业研究院发布的《2024—2029 年中国智慧物流市场调查与行业前景预测专题研究报告》显示，2023 年中国智慧物流行业市场规模约为 7903 亿元，较 2022 年增长 12.98％。智慧物流人才需求逐年递增，智慧物流急需各类专业性的人才，人才短缺已制约我国物流业进一步发展突破，大部分物流企业缺乏既掌握计算机技术、网络技术和通信技术等相关知识又熟悉现代物流运作规律的复合型人才。因此，结合国家战略、产业发展、企业转型升级，以新质生产力的视角增强智慧物流人才培养适应性恰逢其时。

（一）增强智慧物流人才培养适应性的价值意蕴

1. 适应新发展格局，服务经济社会发展

当前，我国经济发展已迈向了高质量发展阶段，数字经济已经成为经济社会发展的主要形态。人才是科技创新、产业发展的"最大公约数"，对接传统产业的改造升级、新兴产业的培育壮大和未来产业的布局建设，完善现代产业体系，数字经济与实体经济深度融合是经济高质量发展的主要手段。智慧物流作为与经济发展紧密关联、密切联动的现代服务产业，承担着第一、二、三产业的物流需求，人才供给质量决定其发展定位、规模、质量。为适应国内大循环为主体、国内国际双循环的新发展格局，职业教育要聚焦产业数字技术的迭代升级，培养适应产业从供应链中低端迈向中高端行列的数字应用和管理的高技能人才，增强产业链供应链韧性，统筹推进教育发展、科技创新、人才培养，增强职业教育适应性、适配度和适合力。

2. 适应前沿产业，赋能发展新质生产力

2024 年 1 月，习近平总书记在中共中央政治局第十一次集体学习时强调，必须牢记高质量发展是新时代的硬道理，发展新质生产力是推动高质量发展的内在要求和重要着力点。人才是加速形成发展新质生产力的最活跃、最关键的赋能要素，发展以高技术、高效能、高质量为特征的新质生产力需要国家战略人才体系，其中，高技能人才是发展新质生产力的科技成果转化"最后一公里"的重要技能推动力量。产业结构是职业教育改革与发展的风向标，发展新质生产力要完善建设现代化产业体系，并构建与之相适应的现代职业教育体系，传统产业转型升级、新兴产业和未来产业是新质生产力发挥效能的重要载体。随着大数据、云计算、人工智能、区块链、物联网等数字技术的加速创新与广泛应用，职业教育要聚焦新质生产力对劳动力的新要求，聚力培养适应数字化、智能化、绿色化的高技能人才，激发人才的潜在技能迁移、聚变与创新，适应前沿产业，赋能发展新质生产力，支撑经济高质量发展。

3. 适应以人为本，服务人的全面发展

职业教育具有典型的职业性、实践性、民生性、兜底性的特征，职业教育在高质量发展驱动下要适应人的全面发展需要，首先以社会经济高质量发展对人才供应链的升级需要为宗旨，满足人才供应链的横向协同丰富化和纵向流通畅通化的需要；其次以产业新质生产力对人的需求为导向，满足新一代信息技术对数字素养和技能的更新与迭代的需要；最后以学生为中心，满足学生的横向融通、纵向贯通的成长需要，加快构建职普融通、产教融合的职业教育体系，满足人对不同层次、不同教育方式的职业教育与培训的需要，以及服务建设学习型、技能型社会的全民终身学习的迫切需求。

（二）智慧物流人才培养适应性内涵及系统构建

1. 智慧物流人才培养适应性内涵

适应性是一个生态学术语，指的是生物与其生存环境的协调过程，同

时具备随外界条件改变而调整自身特征或生活方式的能力。《物流术语》（GB/T 18354—2021）中对智慧物流的定义是，以物联网技术为基础，综合运用大数据、云计算、区块链及相关信息技术，通过全面感知、识别、跟踪物流作业状态，实现实时应对、智能优化决策的物流服务系统。智慧物流人才培养适应性要坚持社会主义办学方向，以实现现代物流业高质量发展为目标，适应外部宏观环境变化，不断优化调整内部人才培养资源以适应产业新质生产力发展，牢牢把握智慧物流新技术、新模式、新流程，增强经济和产业建设和发展的适应性。

2. 智慧物流人才培养适应性系统

1）适应主体

适应主体即"谁适应"，也即人才培养多元制协同育人，政府是职业教育发展的顶层统筹设计者和战略任务的制定者；行业协会是提供产教融合的平台，汇聚企业和学校资源，是推动行业和谐、有序创新发展的推动者；企业是响应新业态、新技术、新模式的先行者；学校是为党育人、为国育才的培育者。政行企校协同适应经济社会发展需要、科技创新和产业变革。

2）适应客体

适应客体即"适应什么"，适应外部环境和内部环境。适应外部环境主要是适应宏观环境和中观环境的变化，政治方面，要深入研究贯彻落实产业政策和职业教育政策，深化产教融合，构建职普融通、产教融合的现代职业教育体系；经济方面，要紧跟当下新经济形态，如共享经济、数字经济、低空经济带动各行各业的新模式、新职业、新岗位的变化；技术方面，要适应产业新质生产力、新型工业化发展以及人工智能赋能教育技术的变革；文化方面，要适应学生对现代化人机协同技术技能的高涨需求，对数字微知识、微技能的简单快速获取；法律方面，要贯彻落实《中华人民共和国职业教育法》以及产业法律法规。

3）适应手段

适应手段即"如何适应"，为适应数字经济与实体经济深度融合，智慧物流人才培养要坚持与企业合作办学、合作育人、合作就业和合作发展，研究构建政行企校协同的实践机制，做好顶层制度设计，遵循经济发展趋势；随着数字化技术的不断升级迭代，着力营造制度供给充分、条件保障有力、产教深度融合的新生态。

3. 新质生产力与智慧物流人才培养关系

新质生产力与人才培养之间是融合互促、耦合互嵌的关系。新质生产力发展有效促进专业在人才培养理念、内容和目标等方面的系统变革，人才培养为加快形成新质生产力、创新科技成果、全要素生产率大幅提升等方面提供人才支撑，形成了教育、科技、人才一体化发展的良好态势。二者双向赋能图如图 7-3 所示。

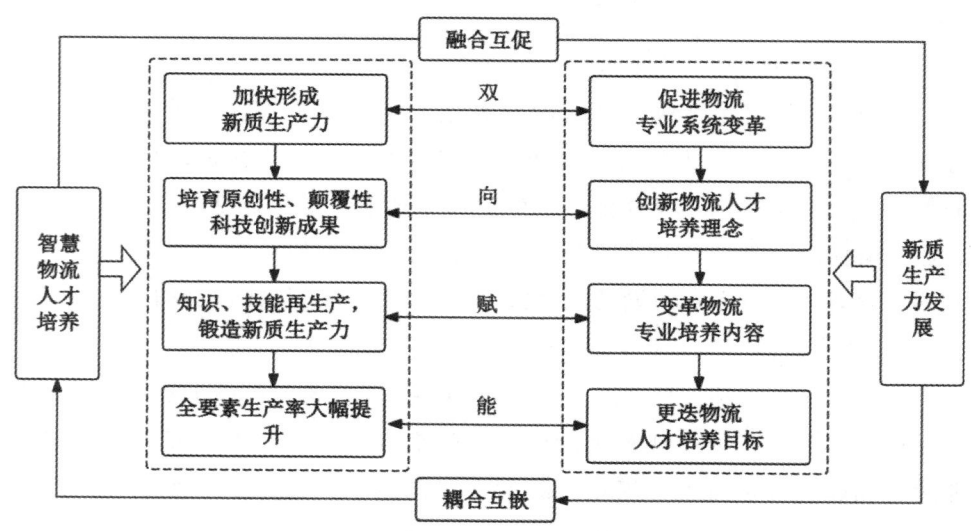

图 7-3　双向赋能示意图

（三）新质生产力视角下增强智慧物流人才培养适应性的实践路径

围绕一个中心、四方联动研究增强智慧物流人才培养适应性实践路径框架，一个中心，以办好人民满意的教育为中心思想，四方联动是政行企校构筑合力。明确增强适应性要坚持与产业结合、与地方和政府政策结合、与社会区域结构结合、与个人终身学习结合，从四个方面增强智慧物流人才培养适应性的实践路径，如图 7-4 所示。

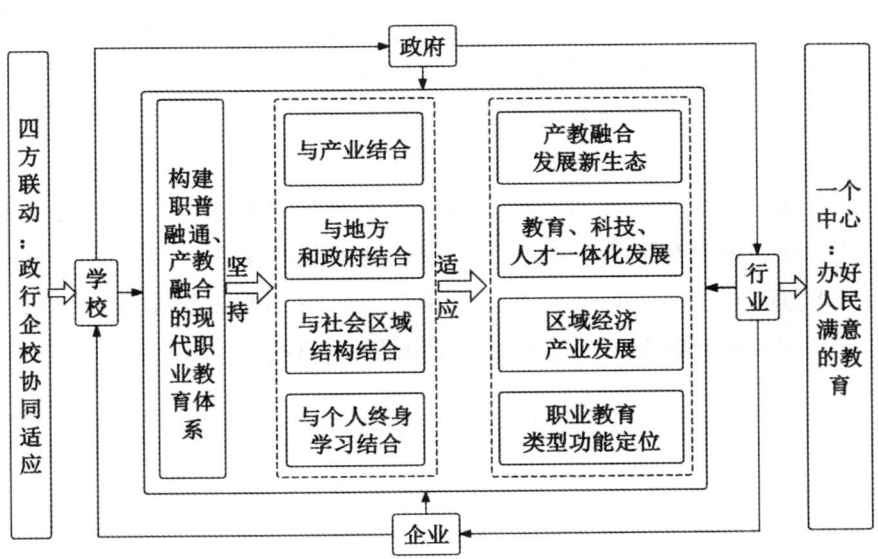

图 7-4 增强智慧物流人才培养适应性的实践路径

一是适应产教融合发展要求。坚持生态性原则，打造省或行业产教融合共同体和市域产教联合体，深化以产定教、以教促产、产教融合、同频共振，坚持科学性原则，构建绩效评价适应指标体系，有效促进教育链、人才链与产业链、创新链的有机衔接，维持人才培养供给侧与产业发展需求侧之间的动态平衡。

二是适应教科人一体化发展。坚持动态性原则，紧跟产业发展趋势设置产业，立足地方产业发展对人才的改革需求，及时进行专业结构与产业结构的适应与调整，编制与新质生产力适配升级的人才培养方案，培养复合型、创新型、应用型高技能人才。教育、科技、人才是一个有机联系的整体，共同支撑社会主义现代化强国建设，高质量发展是全面建设社会主义现代化国家的首要任务。当前人类已全面进入知识经济时代，高质量发展越来越依靠知识和创新。教育、科技、人才是驱动知识和创新的"三驾马车"，是全面建设社会主义现代化国家的基础性、战略性支撑。

三是适应经济社会产业发展。坚持系统性原则、强国建设发展战略，及时响应"政策驱动＋科技驱动＋产业驱动＋内涵驱动"的内外部驱动力，构建教育链、人才链、产业链、创新链"四链"循环形态适应机制；根据社会产业发展需要，推动现代职业教育与产业同部署、同升级、同发展，促进专业设置、课程建设、实训基地、教师发展等环节与市场需求高度匹配，专业设置适应产业发展需求，课程建设适应人才培养需求，实训基地适应工作场景需求，教师发展适应"双师型"建设需求，职业教育数字化转型适应数字时代新生态需求。

四是适应职业教育功能定位。明确职业教育的根本定位就是增强人才培养适应性，就是要服务人的全面发展，建立健全多形式衔接、多通道成长、可持续发展的梯度职业教育和培训体系，推动职普协调发展、相互融通，让不同禀赋和需要的学生能够多次选择、多样化成才。

参考文献

[1] 王晓军，赵文平．21世纪以来我国职业教育教材研究热点主题及演进趋势——基于CiteSpace的知识图谱可视化分析［J］．中国职业技术教育，2023（17）：71-81．

[2] 新华社．中共中央办公厅 国务院办公厅印发《关于推动现代职业教育高质量发展的意见》［EB/OL］．（2021-10-12）［2025-02-28］．http：//www．gov．cn/zhengce/2021-10/12/content _ 5642120．htm．

[3] 新华社．中共中央 国务院印发《粤港澳大湾区发展规划纲要》［EB/OL］．（2019-02-18）［2025-02-28］．http：//www．gov．cn/gongbao/content/2019/content _ 5370836．htm．

[4] 全国人民代表大会常务委员会．中华人民共和国职业教育法［EB/OL］．（2022-04-20）［2025-02-28］．http：//www．gov．cn/xinwen/2022-04/21/content _ 5686375．htm．

[5] 曾天山．"岗课赛证融通"培养高技能人才的实践探索［J］．中国职业技术教育，2021（8）：5-10．

[6] 张慧青，王海英，刘晓．高职院校"岗课赛证"融合育人模式的现实问题与实践路径［J］．教育与职业，2021（21）：27-34．

［7］燕珊珊．岗课赛证融通的高技能人才培养的功能价值、实现机制与推进路径［J］．教育与职业，2022（10）：34-41．

［8］曾天山．试论"岗课赛证"综合育人［J］．教育研究，2022，43（5）：98-107．

［9］王丽新，李玉龙．高职院校"岗课赛证"综合育人的内涵与路径探索［J］．中国职业技术教育，2021（26）：5-11．

［10］杨高英，宁秀君，段树红．高职扩招背景下"四类人员"教学模式研究——以物流管理专业为例［J］．产业与科技论坛，2022，21（10）：166-167．

［11］李萍萍．社会扩招背景下高职院校教学改革探索——以物流管理专业为例［J］．宿州教育学院学报，2021，24（5）：82-85．

［12］张茜岚．高职百万扩招背景下物流管理专业教学质量满意度研究——以广西交通职业技术学院为例［J］．物流工程与管理，2020，42（10）：185-188．

［13］田黎莉，黄蘋．高职物流管理专业扩招生源培养模式创新研究［J］．中国物流与采购，2020（14）：34-36．

［14］中华人民共和国教育部．教育部关于职业院校专业人才培养方案制订与实施工作的指导意见［EB/OL］．（2019-06-05）［2025-02-12］．http：//www．moe．gov．cn/srcsite/A07/moe ＿ 953/201906/t20190618 ＿ 386287．html?from＝timeline．

［15］张颖，李孟歆，许可．产教融合视角下实践教学体系构建研究［J］．科技与创新，2020（12）：123-124．

［16］谭丹．创新创业背景下高职经管类专业立体化实践教学体系的构建［J］．教育与职业，2020（3）：104-107．

［17］张莉．双创背景下物流管理专业产教融合实践教学体系建设——以硅湖职业技术学院为例［J］．科技创新与生产力，2019（12）：16-17，21．

［18］韩冰．OBE 理念下物流管理专业课程实践教学体系改革探索［J］．物流技术，2020，39（1）：153-155．

［19］陈科，任媛．高职院校教师职教能力的构成及影响因素研究——以双高计划为研究背景［J］．现代商贸工业，2022，43（18）：91-93.

［20］李进豪．教师职教能力评估管理系统的设计与应用［J］．现代计算机，2024，30（7）：90-95.

［21］彭垚垚．以立德树人为核心的新时代高职教师职教能力提升研究［J］．中国多媒体与网络教学学报（中旬刊），2019（10）：117-118.

［22］丁治文．产教融合背景下青年教师职教能力培养路径［J］．教育观察，2019，8（19）：47-49.

［23］习近平．高举中国特色社会主义伟大旗帜 为全面建设社会主义现代化国家而团结奋斗——在中国共产党第二十次全国代表大会上的报告［EB/OL］．（2022-10-16）［2025-02-28］．http：//www. gov. cn/gongbao/content/2022/content＿5722378. htm.

［24］中华人民共和国教育部办公厅．教育部办公厅关于进一步加强全国职业院校教师教学创新团队建设的通知［EB/OL］．（2022-09-20）［2025-02-28］．http：//www. moe. gov. cn/srcsite/A10/s7034/202210/t20221011＿668830. html.

［25］徐源，赵丽娜．高职教师教学创新能力的价值逻辑与提升路径——基于"岗课赛证"综合育人视角［J］．职教论坛，2022，38（10）：72-81.

［26］潘丽云．"双高"建设背景下的高职院校教师教学创新团队研究——基于基层教学组织重构的视角［J］．中国职业技术教育，2020（29）：53-56.

［27］新华社．中共中央办公厅 国务院办公厅印发《关于深化现代职业教育体系建设改革的意见》［EB/OL］．（2022-12-21）［2025-02-28］．http：//www. gov. cn/zhengce/2022-12-21/content＿5732986. htm.

［28］隋秀梅，高芳，唐敏．"双高"背景下高职院校"双师型"教师教学创新团队建设研究［J］．中国职业技术教育，2020（5）：93-96.

［29］中华人民共和国国民经济和社会发展第十四个五年规划和2035年远景目标纲要［EB/OL］．（2021-03-13）［2025-02-28］．https：//www. gov. cn/xinwen/2021-03-13/content＿5592681. htm.

［30］李国成，徐国庆．高职院校高水平结构化教师教学创新团队建设研究［J］．职教论坛，2021，37（3）：86-89，94．

［31］邓小华，王晞．职业教育教师教学创新团队建设路径［J］．职业技术教育，2022，43（7）：41-46．

［32］新华社．习近平在全国教育大会上强调：紧紧围绕立德树人根本任务 朝着建成教育强国战略目标扎实迈进［EB/OL］．（2024-09-10）［2025-01-05］．https：//www. gov. cn/yaowen/liebiao/202409/content_6973522. htm.

［33］中华人民共和国国务院办公厅．国务院办公厅关于印发"十四五"现代物流发展规划的通知［EB/OL］．（2022-12-15）［2025-01-05］．https：//www. gov. cn/gongbao/content/2023/content_5736713. htm.

［34］中华人民共和国教育部．教育部关于印发《高等学校课程思政建设指导纲要》的通知［EB/OL］．（2020-06-01）［2025-01-05］．http：//www. moe. gov. cn/srcsite/A08/s7056/202006/t20200603_462437. html.

［35］胡枫，王林．"三全育人"视域下高校物流管理专业人才培养路径探析［J］．物流科技，2024，47（7）：171-173．

［36］孙玉苹，张艳丽．新时代高职物流培养高技能人才策略实证研究［J］．物流科技，2022，45（4）：183-185．

［37］任翔．高职院校物流专业复合型高技能人才培养研究与实践［J］．交通企业管理，2023，38（2）：100-103．

［38］新华社．习近平在中共中央政治局第十一次集体学习时强调：加快发展新质生产力 扎实推进高质量发展［EB/OL］．（2024-02-01）［2025-01-25］．https：//www. gov. cn/yaowen/liebiao/202402/content_6929446. htm.

［39］赵金梅，常江，巩雪．高校继续教育课程思政建设实施策略［J］．成人教育，2023，43（6）：25-28．

［40］马玉东．隐性教育方式下物流课程思政建设与实践研究［J］．物流科技，2024，47（6）：164-167．

［41］中华人民共和国教育部．2023年全国教育事业发展基本情况［EB/OL］．（2024-03-01）［2024-09-10］．http：//www. moe. gov. cn/fbh/live/2024/55831/sfcl/202403/t20240301_1117517. html.

［42］新华社．中共中央关于进一步全面深化改革 推进中国式现代化的

决定 ［EB/OL］．（2024-07-21）［2024-09-10］．https：//www. gov. cn/zheng-ce/202407/content _ 6963770. htm.

［43］彭斌柏．学习贯彻党的二十届三中全会精神 推动现代职业教育体系建设开新局 ［N］．中国教育报，2024-09-07（1）．

［44］霍丽娟．职业教育赋能新质生产力的内涵要义、运行逻辑和推进路径 ［J］．中国职业技术教育，2024（12）：3-11.

［45］王贵湖，郭昌义．新质生产力驱动下的职业教育技术技能人才培养模式 ［J］．现代职业教育，2024（25）：61-64.

［46］牛同训．新质生产力：职业教育何为 ［J］．中国职业技术教育，2024（15）：3-12，46.

［47］胡洪彬．习近平总书记关于新质生产力重要论述的理论逻辑与实践进路 ［J］．经济学家，2023（12）：16-25.

［48］燕连福，牛刚刚．新质生产力赋能共同富裕的内在逻辑与推进路径 ［J］．马克思主义理论学科研究，2024，10（2）：82-90.

［49］中国信息通信研究院．中国数字经济发展研究报告（2024 年）［R］．北京：中国信息通信研究院，2024：3-5.

［50］林夕宝，余景波，宋燕．高职院校助力新质生产力高质量发展探究 ［J］．职业技术教育，2024，45（9）：15-23.